台湾原住民オーラルヒストリー

北部タイヤル族和夫さんと日本人妻緑さん

菊池一隆

集広舎

装丁／design POOL

台湾原住民オーラルヒストリー◉目次

まえがき 11

第一部 台湾桃園県復興郷角板山のタイヤル族

第一章 タイヤル族「和夫」さんと日本人妻緑さん
海外文通・愛の確認・結婚・山での生活

はしがき …… 35
一 和夫さんと緑さんが結婚した時の状況 …… 39
二 結婚後の山での生活と習慣の差について …… 51
三 「蕃刀」と入れ墨 …… 59
四 緑さんの山での生活 …… 65

第二章　「和夫」さんに対する単独インタビュー

父への思い、自らの生き方、そして緑さんへの愛

はしがき……75
一　和夫さんの父・泉民雄について……76
二　和夫さん自身のこと……80
三　緑さんとの文通、そして結婚……85

第三章　緑さんの生き方

父母、戒厳令下の台湾、「和夫」さん・義父母・娘のこと

はしがき……99
一　緑さん自身と両親など家族に関して……100
二　結婚当初と戒厳令下の台湾政治状況……103
三　義父母（和夫さんの父母）と娘について……106

第二部　角板山タイヤル族に対するインタビュー　「白色テロ」などを中心に

【解題】「白色テロ」について……115
【証言1】ワタン・タンガ（林昭明）による回憶……123
【証言2】林昭明氏に対するインタビュー……157
タイヤル族の起源、清朝、日本植民地、国民党政権
【証言3】黄新輝氏に対するインタビュー……196
ニューギニアの高砂義勇隊について
【証言4】林昭光氏に対するインタビュー……217
二二八事件・霧社事件・「白色テロ」・中国共産党について
【証言5】林茂成・林昭光両氏に対するインタビュー……242
伝統文化・日本植民地・戦争・国民党政権

【証言6】林茂成氏に対する単独インタビュー……252
「白色テロ」下での父（ロシン・ワタン）の逮捕・処刑とその後の家族
【証言7】黄栄泉氏に対するインタビュー……260
略歴・キリスト教徒となった契機・布教活動

主要関連文献 269

あとがき 273

索 引 巻末i

台湾原住民オーラルヒストリー

北部タイヤル族和夫さんと日本人妻緑さん

まえがき

本書は、前書『台湾北部タイヤル族から見た近現代史—日本植民地時代から国民党政権時代の「白色テロ」へ—』に続く姉妹品であり、その基礎となったものである。すなわち、インタビューによって史料に現れない、もしくはヒントとなるものをすくいあげた。いわば角板山《かくばんざん》を中心とする台湾北部タイヤル族のオーラルヒストリーである。本書と、北部タイヤル族近現代史として書いた前書を読めば、より深く内容を理解できよう。ただし本書のみを読む人に考慮し、分かりやすくするため、一部の説明や註などはあえて前書と重複させている。なお、本書では関連する写真を多く掲載した。写真の中には「和夫」(以下、原則として和夫。原住民名はガヨ・ウープナ、中国名は陳振和)・緑夫妻、林昭光、林昭明、林茂成各氏が提供してくれたものもある。

一

舞台となった角板山は、四方に緑の山々が連なり、ダムや吊り橋などもある風光明媚なところである。また、蔣介石の貴賓館跡（貴賓館は火事で焼失し、現在は公園になっている）、旧要塞なども存在した。現在は台北から近隣であり、温泉のある烏来の方が角板山よりも一般的に有名である。とはいえ、角板山と烏来は現在は車道が整備された結果、逆に迂回することになり、遠い感じがするが、山岳道を歩けば、僅か約三〇キロしかなく、双方の住民は歩いて行き来していたという。その上、角板山と烏来は関係が深く、親戚関係にあり、同系統とされる。そうした角板山も最近では秘境ブームもあり、観光地として人気を高めつつある。その背景には、長い間、国民党によって防衛上、未開放地区・特別区とされ、一般の人々の入山が禁止されてきたこととも関連する。筆者は烏来などに比して、日本人にはほとんど知られていない角板山を紹介しながら、タイヤル族の和夫さん、日本人妻緑さんの結婚を含む角板山タイヤル族について述べていきたい。

当初、和夫さん、日本人妻緑さんの結婚の時、さらには結婚生活などの状況などについてインタビューし、エッセイ風の著書を出版することを目指した。そのため、多くの聞き取りをおこなった。緑さんが初めて台湾に旅行に来たのは一九六八年のことで、その時、法院結婚の手続きをし、翌年結婚式をした。それまで国際文通で愛を確かめあっていた。当時の台湾は戒厳令下で、「白色テロ」の余韻がまだ消えやらぬ厳しい政治情勢下にあった。緑さんはそうした状況の中に飛び込んだことになる。

世界的に見れば、米ソ冷戦下にあり、当時の日本、韓国、台湾、そして東南アジア各国はアメリカ主導の「共産中国」封じ込めの包囲網を形成していた。そして、台湾はアメリカ軍のベトナム戦争の寄港地だったのである。のみならず、話を聞いているうちにタイヤル族の伝統生活、清朝時代、日本植民地時代、日本敗戦後の国民党政権時代における弾圧である二二八事件、「白色テロ」の話も出てきて、歴史的観点からもその重大性に気づき始め、こうした歴史的事実を何としても書き残す必要を感じた。それ以降、毎年春休みを利用して角板山を訪れた。

ところで、筆者が最初に台湾を訪れたのはかなり昔で、一九七六年夏のことである。約三週間の滞在であった。それから頻繁に訪れているので、実に台湾とは約四〇年間の付きあいということになる。もちろん、最初に行った時は和夫さん、緑さんのことを全く知らなかった。当時、筆者は東京教育大学の大学院生で、同学で友人の台湾人留学生と後輩の日本人院生が台中で結婚式を開くということで招待され、それに出席することを主な目的としていた。同時に政治大学や法務部調査局などで中国共産党史関係の史料を調査収集することにした。ただし、当時は台湾に行くことは中国に行けなくなる可能性があり、筆者の中国近現代史研究に支障を来すとして反対する人々も多数いた。その危惧はあったが、政治ではなく、友情を優先すると決めた。

大阪南港から貨物船に乗り、二泊三日かけて沖縄を経て基隆港に上陸した。基隆港には沢山の軍艦が停泊していて驚いた。基隆から台北まで列車で移動したが、台北駅前の食堂街などの雑踏は活気があったが、同時に軍人が多い。また、歩道橋やビルには「光復大陸」、「反攻大陸」の大文字の垂れ幕が掲げられていた。また、バスの切符、封筒などにも同様なスローガンが印刷されていた。ホテルでは、夜はあまり出歩かない方がよいと注意された。その後、一〇日間ほどかけ、まだ交通が未発達な台湾をバスや列車を乗り継ぎ、縦断した。南に行けば行くほど、日本語ができる人々が増えていき友好的であったが、やはり軍人が多く、全体として厳しい雰囲気が漂っていた。緑さんが台湾に最初に行ったのは私が行く八年前であるから、もっと厳しい状況であったと思う。

現在は明るく開放的で健全であり、治安も問題なく、料理も美味で、老若男女の別なく日本人に好まれる台湾であり、隔世の感がある。だが、当時は、台湾に行く日本人自体が少なく、日本人といえば、ほとんどが男で、中小企業の社長や社員、および観光客であり、その頃、問題視された買売春目的の観光などもあった。歴史を学ぶ大学院生と知ると珍しがられ、立法院議員で歴史学者の李天民氏らは筆者のために会食会まで開き、法務部調査局での史料調査・収集を許可してくれた。調査局では、『中国のアナキズム運動』（丸山松幸訳、紀伊国屋書店、一九七〇年）で著名なアメリカのR・スカラピーノ氏（カリフォルニア大学バークレー校。戦時期は中国で対日情報活動に従事）に会うことができた。彼は中国共産党史研究における調査局所蔵史料の重要性を力説していた。
　では、ここでタイヤル族について説明を加えておきたい。タイヤル族は台中州埔里以北、中央山脈に沿った連山の間に居住する（図1）。すなわち、台北州下で南湖大山とその付近の山脈より発する大濁水渓流域にある南澳蕃、濁水渓域にある渓頭蕃、および棲蘭山から新店渓上流にある屈尺蕃がある。新竹州では大覇尖山より分岐する山脈間を流れる淡水渓上流のキナジー蕃、マリコワン蕃、大嵙崁前山蕃、ガオガン蕃、内湾渓上流のメカラシ蕃、上坪渓上流のシヤカロー蕃などがある。日本植民地時代には、台湾原住民は七種族と称された（表1）。人口的には、タイヤル族はパイワン族、アミ族に次ぐ第三番目で、大体三万一〇〇〇人から三万三〇〇〇人、二三～二五％を占めている(1)。

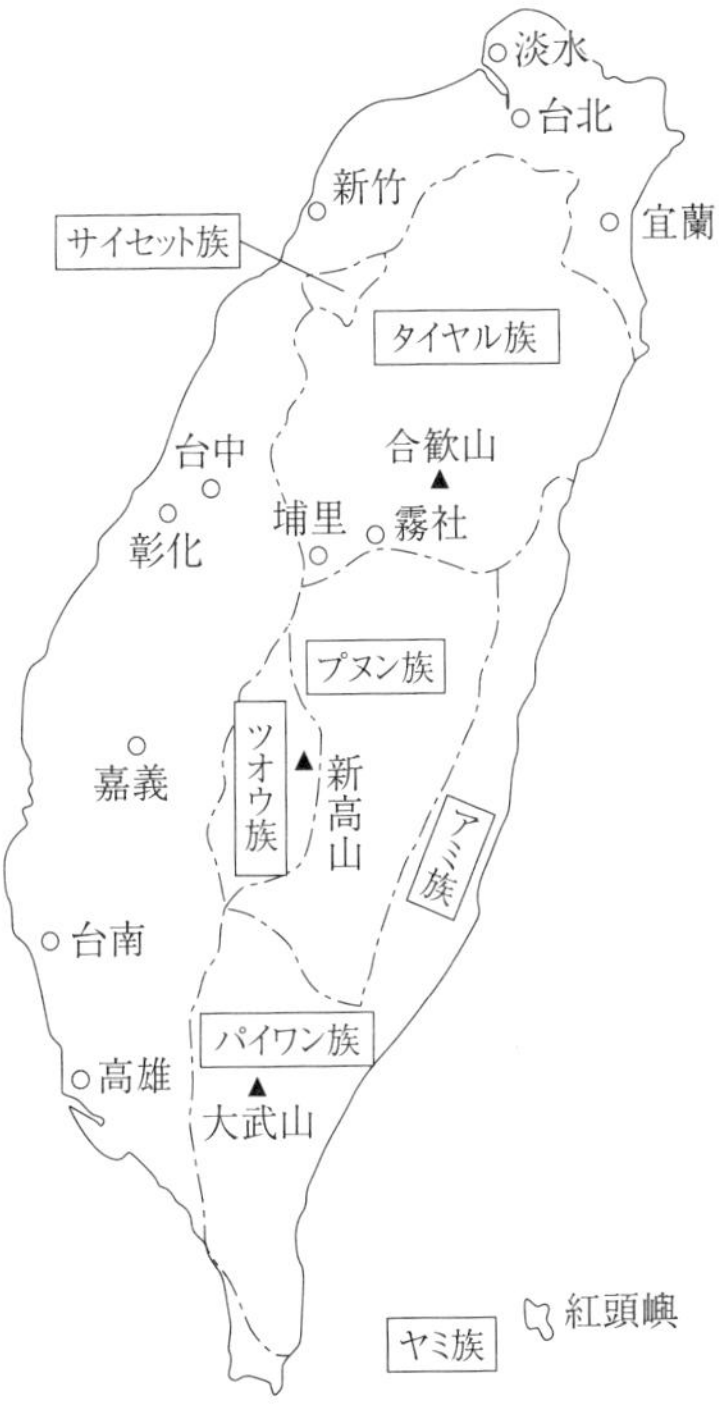

図1　台湾原住民分布図（1937年）
盧北麟主編『台湾回想』（創意力文化事業有限公司，1933年，370頁）から作成。

　筆者がインタビューしたのは、タイヤル族の中でも特に指導的位置にあったとされる台

表1　台湾原住民各種族の分離変遷

時期	日本植民地時期	中華民国後	現在（2015年段階）
北蕃	タイヤル族	泰雅（タイヤル）族	泰雅族 太魯閣（タロコ）族 2004年分離独立 賽徳克（セデック）族 2008年分離独立
	サイセット族	賽夏（サイセット）族	賽夏族
南蕃	ブヌン族	布農（ブヌン）族	布農族
	ツオウ族	曹（ツオウ）族	鄒（ツオウ）族 卡那卡那富（カナカナブ）族 2014年分離独立 拉阿魯哇（サアロア）族 2014年分離独立
	パイワン族	卑南（ピュマ）族	卑南族
		魯凱（ルカイ）族	魯凱族
		排湾（パイワン）族	排湾族
	ヤミ族	雅美（ヤミ）族	雅美族，現在の正式名称は「達悟族」
	アミ族	阿美（アミ）族	阿美族 撒奇莱雅（サキザヤ）族 2007年分離独立
平埔族			平埔族の一部が原住民として 邵（サオ）族　2001年認定 葛瑪蘭（クバラン）族 2001年認定
計	7種族	9種族	16種族

出典：①門脇朝秀編『台湾 高砂義勇隊』あけぼの会，1994年，53，55頁。②蘭与郷公所『蘭与郷―導覧手册―』（2009年，1頁）などから作成。なお，「平埔族」は元来，「漢化」され，原住民数には入っていなかったが，その一部である邵族，葛瑪蘭族は原住民の種族に認定。雅美族は現在，正式名称として「達悟族」と称されている。2016年，筆者は蘭与島に実際に行き，確認したところによれば，蘭与島は昔，原住民自身は「Ponso No Tao」（人の島）と称し，「Tao」人（人族）と自称していたという。漢語では「雅美族」と書いた。結局，現在，「Tao」という音に合わせて漢字で「達悟族」と表現するようになったようだ。

湾北部に居住する桃園県角板山タイヤル族である。台湾原住民の中で、タイヤル族は「生蕃《せいばん》」といわれ、「近代化」を拒絶し、対清抵抗、次いで対日抵抗を繰り返し、首狩りもする最も「野蛮」、あるいは「勇猛果敢」な種族と称されてきた。そうした特質は、タイヤル族の伝統生活の中で育まれたと考え始め、伝統的な組織機構、社会経済制度、家族制度から、祭祀、戦闘、「出草」(馘首)に至るまで多角的視点からインタビューを繰り返した。①伝統生活における戦闘組織、②日本植民地化後の対日抵抗、③日本による理蕃政策、④高砂義勇隊、および⑤日本植民地崩壊後、国民党政権の支配へと大転換する中で角板山タイヤル族を襲った「白色テロ」などについて質問した。

ここで押さえておくべきことは、タイヤル族には元来文字がなかったという事実である。したがって、タイヤル族にとって口承、伝承が重要な意味を持ち、それによって各種の規範、伝統、種族史などが伝えられてきた。その結果、タイヤル族側からの史料がほとんどないという事実に突き当たる。かくして、それを打開するためにインタビュー、現地調査など、オーラルヒストリー的手法が極めて重要になるのである。換言すれば、各人へのインタビューはその歴史的解明をおこなう上で、研究のヒントを受け、かつ基盤を形成する上で重要なものであり、それを梃子に構造的に推敲し、文献史料にも当たり、研究内容を充実させることが肝要となる。だが、従来、文献学的な実証を重んじる歴史学では、この聞き取りによる手法をとることは多くはない。とはいえ、歴史学にとっても台湾原住民史研究など史料や研究が少ない分野では、インタビューなどによって補強することは不可欠であろう。なぜなら残っているほとんどの史料は清朝、日本、そして国民党政権など為政者によるもので、彼らの声、活動を聞き取れず、それらの歴史は埋もれてしまうという危険性があるからである。したがって、筆者は少ない史料を重視しながらも、同時にインタビューを組み合わせ、それを史料的に可能なものは地道に検証し、台湾北部タイヤル史の実態、本質解明に挑戦することにした。

なお、本書では、歴史学では霧社事件[2]などで脚光を浴びる中部タイヤル族（現在はセデック族）ではなく、空白ともいえる北部タイヤル族に焦点を合わせている。特に筆者は伝統生活について繰り返し質問をした。ただし、それは伝統生活全般ではなく、あくまでも対清抵抗、対日抵抗、日本植民地時代の高砂義勇隊を解明する一環として特に武力的側面を摘出し、彼らの強靱な戦闘力の要因を考察するためであった。

二

ここで、第一部、第二部について内容を要約する前に、読者の理解を助けるため、今回インタビューした人々と関連する角板山タイヤル族の家系図を示しておきたい（図2）。

第一部は、和夫・緑夫妻へのインタビューである。和夫さん、緑さんが率直に語ってくれ、多く

図２　角板山タイヤル族家系図

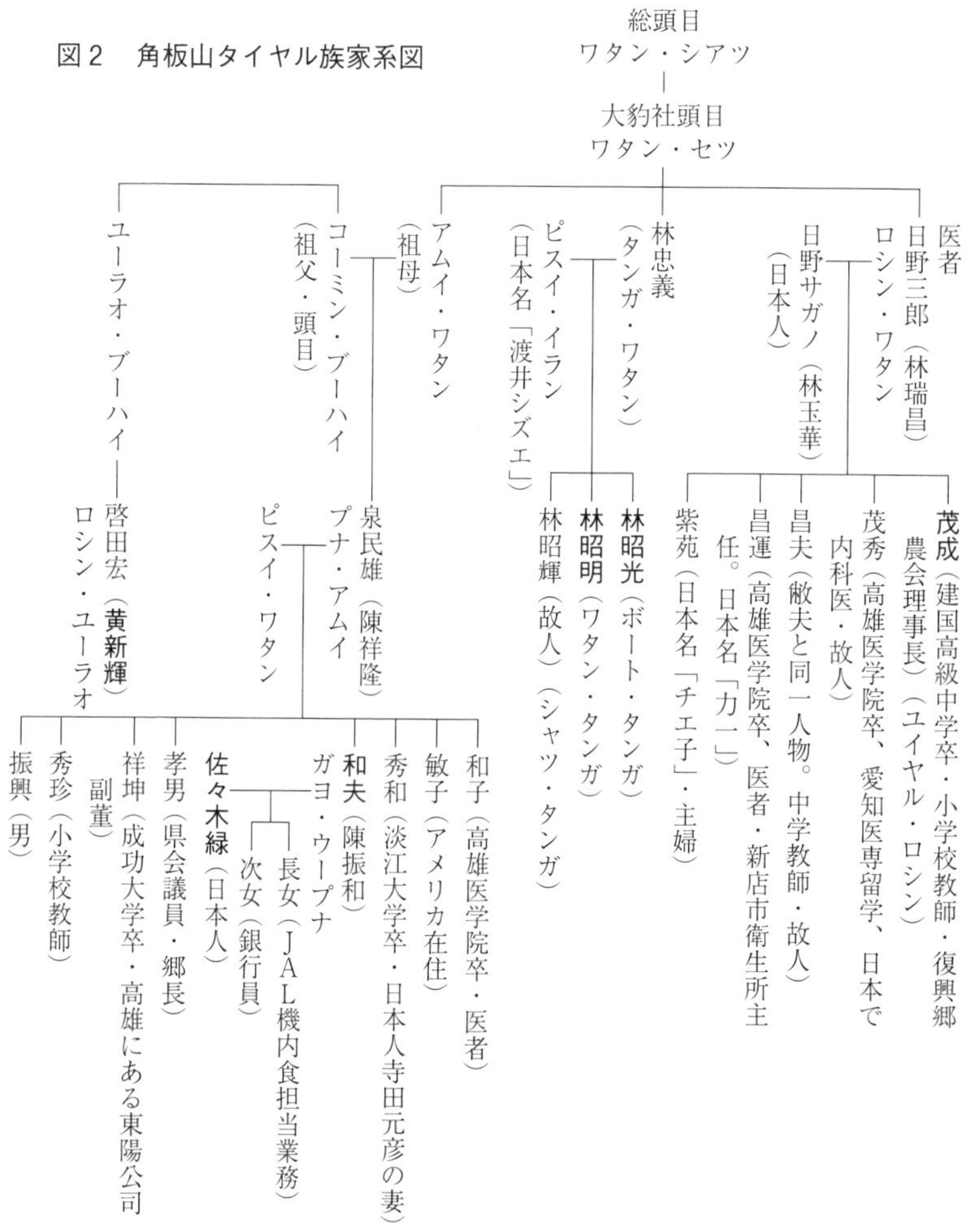

出典：この系統表は，筆者が聞き取り内容から人間関係を考察し，独自に作成したもので完全ではない。すべての人が出ているわけでなく，主要な関係者のみである。ゴチック体は本書にインタビューを掲載している人物である。林昭光･昭明の（曾）祖父はワタン・シアツである。ワタン・シアツは「外族」である平地人と「種族戦争」を戦い，10年間牢獄に入った。その結果，長女のアムイ・ワタンと長男の日野三郎（林瑞昌）の間は10歳の年齢差がある。昌運は最終的に烏来の医療所の医者となったが，それも引退し，当地で農作業などをやりながら，悠々自適な生活を送っているという。また，ワタン・シアツは「外族」の日本軍とも戦った。黄新輝の父ユーラオ・ブーハイはコーミン・ブーハイの弟。なお，和夫氏の弟祥坤氏が勤める東陽公司はバス部品製造をおこなっている。

のことを知り、考えるヒントや契機を得ることができた。不可避的に彼らを取り巻く当時の台湾の状況、日本の状況、及び日台関係などをビビッドに浮かび上がらせる。

タイヤル族の和夫さんのところに岡山県出身の緑さんは嫁いだ。まだ国際結婚が少ない時期に、台湾、そして台湾の中でも角板山という地域に勇敢に飛び込んだ緑さんは果たしてどのような状況にあったのか。まずは二人にその時の状況をお聞きした。一九六〇年代というベトナム戦争が激しく戦われ、台湾は日本、韓国などと共に「共産中国」包囲網に加担していた。また、中国では文化大革命の最中であり、他方、日本は東京オリンピックも開催され、高度成長下にあり、経済生活を謳歌していた。ただし一ドル三六〇円という極度の円安で固定されており、国際結婚はもとより、海外出張、海外旅行も簡単には行けない時期でもあった。日本全体も新幹線が走り始めたばかりで、北海道から九州まで行くのも大変な時間がかかった。沖縄は返還前であり、また地方から東京などへ中学校卒の集団就職も多かった。中学校卒業者は低賃金でよく働くため、「金の卵」ともてはやされた。こうした状況下で、日本の若者は世界、とりわけ欧米への憧れをもち、雑誌などには文通欄が掲載され、「ペンパルズクラブ」など海外文通の会社も存在したのである。

こうした中で、むしろ欧米よりアジアに強い関心をもつ若者が一定程度存在した。欧米はもとよりアジアに関しても何も分からないという好奇心に火を点けていたのである。緑さんもそうした若者の一人であった。この時期、台湾では、日本人による売買春観光も問題になっていた。他方、和夫さんも戒厳令下で閉塞した台湾で海外に憧れを持ち、とりわけ日本人との文通を望んだようである。このように、彼らの世代は海外に目を向け、青年らしく好奇心旺盛であり、ある意味で輝いていた。

反面、インタビューから日本、台湾の当時の厳しい政治状況をビビッドに明らかにできる。現在の台湾からは想像できない暗い時代で、台湾では手紙が開封され、検閲を受けていた。そうしたことを率直に語っている。当初、和夫・緑夫妻と和夫氏の母の三人生活であったが、主に日本語が日常会話となっていた。日本植民地時代が五〇年間も続いた結果、和夫さんの母も何不自由なく、いわば「母国語」として日本語が話せたのであろう。

第二部は、台湾の伝統生活、狩猟、風習、部族などについても質問したが、主に太平洋戦争時期の高砂義勇隊、とりわけ重点を置いたのは戦後の二二八事件ではなく、「白色テロ」である。筆者は、原住民が国民党政権に不満を持ちつつも二二八事件にはほとんど参加せず、外省人と本省人の問題と考えていたことを初めて知った。その上、林茂成、林昭光、林昭明三氏は「白色テロ」で弾圧を受けた直接の体験者であり、被害者でもある。例えば、林茂成氏は政治犯として処刑されたロシン・ワタン（Losin Watan）。日本名は当初「渡井三郎」、後に「日野三郎」、中国名「林瑞昌」。発音から「楽信・瓦旦」とも表記する）の長男であり、嫌がらせ、白眼視されながらも必死で兄弟姉妹、そして子供の生活を支えた。林昭光、林昭明両氏は「白色テロ」により逮捕され、入獄した。「白色テロ」

に関しては資料調査・収集段階で資料集などは出ているが、本格的な先行研究はない。したがって、これらの実体験談は極めて重要なものであり、「白色テロ」とは何だったのか、その実態はどのようであったのか、その本質は何かを考察する上で彼らの言説は貴重な資料となるであろう。

また、黄新輝氏へのインタビューは南洋戦線における高砂義勇隊の戦闘実態、日本敗戦期の状況を活写している。高砂義勇隊に直接参加した実体験を語れる人は多くは死去し、もうほとんどいない。最後に登場する黄栄泉氏は、前述の家系図からは外れるが、原住民とキリスト教の関係を語ることができる人物であり、自ら宣教師となるまでの略歴、宣教師となる契機について具体的に述べている。戦後、原住民の多くがキリスト教を信仰しており、この問題は看過できないであろう。

以上のように、その人数は多いとはいえないかもしれない。しかしながら彼らはそれぞれが北部タイヤル族の核となる人物と見なすことができ、角板山タイヤル族の歴史を各自の直接体験として語ることができる重要な人物たちである。間違いがないように慎重を期し、インタビューを繰り返した。その結果、彼らは、私が次に台湾を訪問する時に合わせて記憶の糸をたぐりながら新たな事実を話し始め、不十分であった点を補充してくれた。

三

では、インタビューの狙いを明確にしておきたい。

第一に、和夫さんと緑さんの結婚までの状況、結婚式、その後の生活などについて質問した。これは当時の台湾のみならず、日本の状況を知り、かつ彼らの人生を知ることで、その生き方を考える契機となるからである。緑さんは角板山のタイヤル族である和夫さんのところに飛び込んだ。一般的に考えれば、かなりの決断力を必要としたし、カルチャー・インパクトを受けるはずであるところが、あまり感じていないようである。それは、家庭生活が日本語ベースであったこと、日本植民地時代の影響で味噌汁などの日本食も受け入れられていたことなどからであろう。当時、台湾よりは先行していたものの日本自体もそれほど発展しておらず、生活水準に大きな差はなかったようだ。これらの詳細は、本書のインタビュー内容を読んで欲しい。

第二に、台湾原住民の中でもタイヤル族は「生蕃」といわれ、対清抵抗、次いで対日抵抗を繰り返した最も「野蛮」な種族と称された。清朝はいうまでもなく、日本討伐隊もゲリラ的な抵抗に遭い、多大の犠牲を払わなくてはならなかった。「外敵」との戦闘の際、宗教・精神と組織機構の両面で強固な団結、連帯を可能とし、部落全体が一挙に軍事体勢を採れたのはなぜか。その伝統生活を

「ガガ」という組織機構、社会経済制度、家族制度から、「出草《しゅっそう》」（馘首）、祭祀なども包括しながら軍事的側面に焦点を当てインタビューをした。

第三に、北部タイヤル族の対日抵抗と「帰順」を明らかにする。当時の原住民の抵抗に関連する史料は多いとはいえず、不十分な感は否めない。したがって、総督府関係史料、台湾発行の『台湾日日新報』などに、私自身が実施したインタビューを加え、角板山を中心に北部タイヤル族の対日抵抗の実態や特質などについてアプローチした。

第四に、日本植民地時代の台湾総督府による理蕃政策に対して、上からの視点だけではなく、原住民がいかに反応したのか。換言すれば、原住民から見た理蕃政策を浮かび上がらせる。この二つの視点から立体的に考察を深めた。戦時期（一九三七－四五年）を中心に、一九三〇年の霧社事件の台湾中部ではなく、北部タイヤル族の視点を重視した。

第五に、高砂義勇隊については、太平洋戦争期における台湾原住民の動態と構造、台湾内での原住民の位置、差別問題、および日本敗戦後の戦争責任問題はもちろん、戦争それ自体を多角的視点から考察する手がかりを得るため、①高砂義勇隊成立時期の状況・「日本国民意識確立」、差別構造の打破、②南洋での食糧確保・飢餓とゲリラ・戦闘実態、③日本敗戦時における義勇隊員の対応について質問した。

第六に、日本が敗戦し、蔣介石・国民党政権が台湾を回復すると、台湾原住民を巡る政治情勢はコペルニクス的転換を見せた。ロシン・ワタンの長男である林茂成の生き方を通じて、当時の台湾の実態、原住民の位置についてメスを入れたい。なお、この問題と連動して看過できないのが甥の林昭明事件である。これは、どのような事件で何を意味するのか。日本では、台湾二二八事件は有名であるが、その後の重要問題である一九五〇年代「白色テロ」については知る人は少ない。だが、「白色テロ」を捨象して、日本敗戦後の台湾史を正確に論じることは不可能であろう。そこで、本省人、外省人ではなく、原住民、特に角板山タイヤル族、そして阿里山ツオウ族の視点から見た一九四七年の二二八事件、特に五〇年代の「白色テロ」に焦点を当てインタビューした。その際、処刑されたロシン・ワタンを中心とはするが、彼を巡る人物たちを包括する。とりわけ角板山のロシンと阿里山の高一生の関係を重視して質問している。

【註】

（1）拙著『台湾北部タイヤル族から見た近現代史』集広社、二〇一七年四月、二四頁。なお、現在台湾原住民は五五万八〇〇〇人、その内、タイヤル族は八万八〇〇〇人である。

（2）前書で霧社事件について記述したが、本書のみ読む読者のために、かつ重要事件なのでここでもとりあげておきたい。

霧社地区の原住民は日頃から日本警察の傲慢な態度、道路工事や宿舎建設などへの強制労働、および原住民婦人を騙す行為に不満を持っていた。一九三〇年一〇月二七日、タイヤル族の「蜂起蕃」が公学校運動会に集まった日本人の官民、老若男女を襲撃し、一三四人を殺害した。その上、警察局、公共機関、官舎なども襲撃し、武器弾薬を奪った後、付近の深山に退いた。それに対して総督府は軍隊、武装警察隊、タイヤル族の「味方蕃」（日本討伐隊を支援した原住民。現在はタイヤル族からセデック族として分離）、さらに本島人（漢族）主体の「壮丁団」など計二七〇〇人を出動させた。トロック社タイヤル族は日本の軍隊、警察に協力、討伐隊を案内し、自ら鎮圧に参加した。禁止されてきた首狩りが認められた上、一首当たり一〇〇円の賞金が出た。現金収入がほとんどない「味方蕃」にとって魅力であった。いわば日本は「夷を以て夷を制す」方式を採り、タイヤル族（セデック族）討伐にタイヤル族（セデック族）を使用したのである。この時、総督府は飛行機まで用い、国際法上、禁止されていた毒ガスも撒布したとされる。五十数日後、やっと事件は終息した。指導者モーナ・ルーダオら多くはすでに死去した。また、主謀者と見なされた十余人が処刑され、投降を願わない二〇〇人が集団自殺した。なお、日本側も軍人二二人、警察六人など計四九人が死去した。なお、乙種巡査のダッキース・ヌービン（日本名は「花岡一郎」。当時、甲種巡査は日本人しかなれないなど差別があった）は師範学校卒、警手のダッキース・ナウィ（「花岡次郎」）は高等小学校卒で、警官となったエリートである。この義兄弟（すなわち、血のつながりはない）が襲撃に参加していた（なお、蜂起を止めようとしたなど各説がある）ことは日本当局に衝撃を与えた。その後、三一年四月二四日にいわゆる第二次霧社事件を引き起こされ、「味方蕃」が「蜂起蕃」の生き残りを襲い、二一六人を殺害した。それまでの経緯から見て警察当局が報復として仕組んだ可能性が高い。

霧社事件で生き残った二八九人を埔里から二十数キロ離れた川中島（現在の清流）に強制移住させた。そして、駐在所警官三〇人の厳重な警備の下、隔離したのである。その後、霧社事件「蜂起蕃」の生き残りを捜すため、「和解式」（帰順式）を名目に全員呼び出し、一六歳以上の男をすべて殺害した。その結果、一六歳以上の男はいなくなり、家族は老人と女子供だけになってしまい、農繁期には困り果てた。その上、栄養失調の上、川中島はマラリアが有名で高熱を出して死去した。子供が次々に死んでいくと、母親は絶望的になり自殺する。連鎖反応を起こして毎日のように自殺が続いた。その結果、霧社事件のことは家庭で禁句となった。なお、霧社事件の指導者で自決したモーナ・ルーダオの遺体が台湾大学医学部の標本室で発見され、一九五一年霧社に記念碑を建てて埋葬、第二次霧社事件で虐殺された「蜂起蕃」のタイヤル族の遺骨も「無名戦士の墓」に埋葬した（①拙著『東アジア歴史教科書問題の構図―日本・中国・台湾・韓国、および在日朝鮮人学校―』法律文化社、二〇一三年、②春山明哲『近代日本と台湾―霧社事件・植民地統治政策の研究―』藤原書店、二〇〇八年、③鄧相揚著、下村作次郎等訳『抗日霧社事件の歴史―日本人の大量殺害はなぜ、おこったか―』日本機関紙出版センター、二〇〇〇年、④戴国煇『台湾―人間・歴史・心性―』岩波新書、一九八八年、⑤『台湾原住民史―泰雅族史篇―』国史館台湾文献館、二〇〇二年、⑥林えいだい編著『証言　台湾高砂義勇隊』草風館、一九九八年など参照）。結局、霧社事件は平地、山地を包括して日本植民地時代の対日武装蜂起の頂点に位置する。これ以降、大規模な武装蜂起は発生せず、本島人による植民地体制内での議会開設や人権擁護を求める都市型改革運動に転換する。現在、台湾では霧社事件に対して抗日運動として高い評価を与えている（**写真1・2・3・4・5**）。

ところで、霧社事件をテーマとした台湾映画『セデック・バレ』（中国語「賽徳克・巴萊」）が二〇一一年に上演された。七億台湾元を費やした四時間半の超大作である。セデック語、中国語、日本語を駆使している。第四八回金馬奨で「最優秀作品賞」、「最優秀助演男優賞」など五部門を独占した。このように、山中を自由自在に駆け回り、民族の誇りをかけて高圧的な日本と戦う姿に、台湾では極めて高い評価を受

写真１　霧社事件における原住民抗日運動モニュメント（筆者撮影）

写真２　霧社にある蔣介石像
何故か蔣介石半身銅像には入れ墨が入れられ，原住民の服が着せられている（筆者撮影）

写真３　モーナ・ルーダオの墓　「霧社抗日事件中，圧政に抵抗，壮絶な死をとげた。その信念に基づく不屈の志を青年の模範とするため，謹んで墓碑に刻印」と記されている（筆者撮影）

写真４　現在の清流（川中島）　山沿いに川が流れている（筆者撮影）

◀写真５　川中島の当時の風景
清流の博物館展示写真

けた。台湾では原住民の対日抵抗、自然、人間性などを高く評価した（『毎日新聞』http://mainichi.jp/select/world/news/20110926dde007030002000c.html など参照）。また、歴史学者の呉密察は「日本人は反日か親日かに関心を持つだろうが、歴史を材料に、台湾人が自らの社会を顧みようとしている」（「台湾先住民蜂起の映画人気―日本統治下の『霧社事件』―」『朝日新聞』二〇一一年九月一三日）、と強調する。私見を述べれば、日本人の中には外国人の言質を「親日」か「反日」と単純に区分する傾向が強まっている。しかし、日本や日本人の長所や伝統に対して好評価してくれるのは嬉しいが、短所、歴史的な問題行動までも過剰に褒めちぎる外国人（現在は日本国籍の一部の者を含む）などは決して真の意味で「親日」ではなく、日本の歩むべき途を誤らせるという冷静な視点が必要だろう。

第一部　台湾桃園県復興郷角板山のタイヤル族

第一章

タイヤル族「和夫」さんと日本人妻緑さん

海外文通・愛の確認・結婚・山での生活

はしがき

最初のインタビューは二〇〇六年八月一二日、一三日で、さらに不明点などを二〇〇九年三月二四日、二五日と二〇一二年三月二七日などに再度インタビューをし、聞き直し、補強した。最初は、名古屋外国語大学教授（当時）の魏栄吉氏ら台湾人の友人四、五人と車三台を連ねて、インタビューのため角板山の陳振和氏（一九三八年九月二九日生まれ）、緑さん（一九四三年四月一二日生まれ）夫婦の自宅を訪ねた。

夫の陳振和氏（日本名は「泉和夫」。自らも「和夫」と言い、他の人々も「和夫さん」と読んでいるので、以下、和夫で統一）はタイヤル族、特に角板山のタイヤル族について話し始めた。日本統治時代、日本語教育を受け、現在も日本語で日常生活をしているため、日本語が流暢である。したがって、本インタビューはほとんど日本語でおこなっている。緑さんは結婚当初、雑誌や新聞記者などに追い回された経験から、筆者のインタビューにあまり乗り気でない様子であったが、次第にいろいろ思い出しながら楽しそうに話してくれた。

この日だけでは話が終わらず、結局、魏栄吉氏らは帰宅し、私一人が残り、和夫さん宅に泊めてもらうことになった。夕方、和夫さんはバイクでタイヤル族の友人が経営する飲み屋に連れていってくれた。山の中に開放的な飲み屋がポツンと一軒だけあり、客は我々二人だけであった。蚊の襲来や野犬が何匹も寄ってくるのはまいった。だが、山並みのシルエットが見渡せ、また夜にもかかわらず、飲み屋の裸電球の光に沢山の南国の蝶（蛾ではない）が舞う。帰りは満天の星であった。大気が澄み渡り、光がほとんどないためか、無数の星が鮮明に見えた。帰宅後、夜の一二時頃まで話し込む。朝七時半、起床。台北の街の蒸し暑さとは異なり、角板山は涼しく、冷房なしに熟睡できた。朝食後、タイヤル族の長老に、いろいろ話が聞けるということで、再びバイクの後ろに乗せられて林茂成氏（父ロシン・ワタンが「共産主義者」のレッテルを貼られ、蔣介石の国民政府に殺害された）の自宅を訪れる。

和夫・緑夫妻について簡単な紹介をすると、和夫さんは、男四人、女四人の八人兄弟姉妹の長男であるが、上に姉が三人おり、四番目である。緑さんは五人兄弟姉妹の一番下である。和夫さんは桃園県復興郷澤仁村（図1・2）に住み[1]、水道局に勤めた公務員であったが、それも退職した。和夫さんは背が高く、流石「山の人」という感じで、ガッチリした体格をしている。彼が自慢する父の名前は「泉民雄」である。和夫さんは父の死去後、経済的理由で高等農業学校に通うことができな

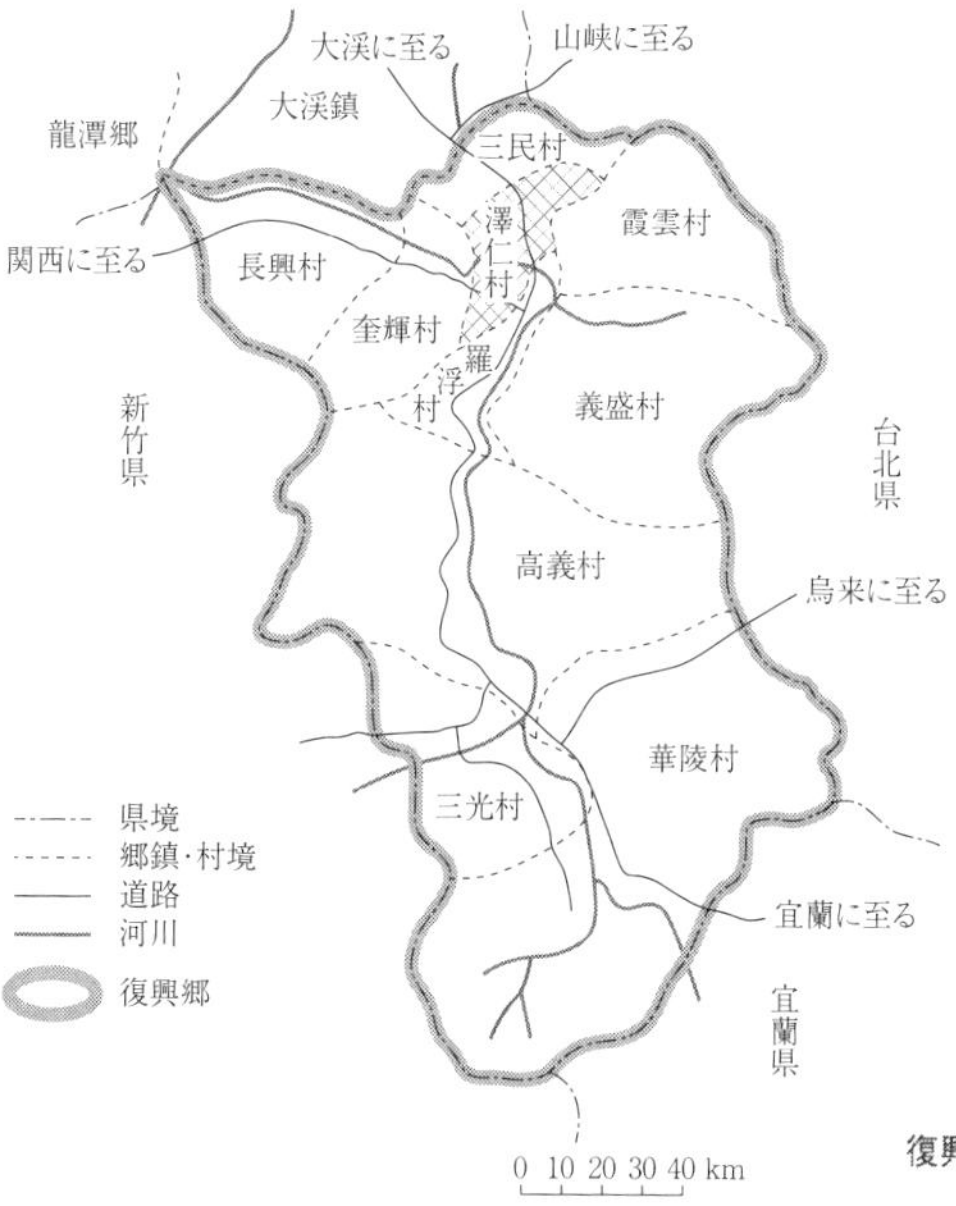

図1　復興郷行政区域図
出典：桃園県政府『桃園県変更都市計画審核摘要表』(1980年7月5日～8月3日公開)から作成。なお，和夫・緑さんの住居は澤仁村にある。

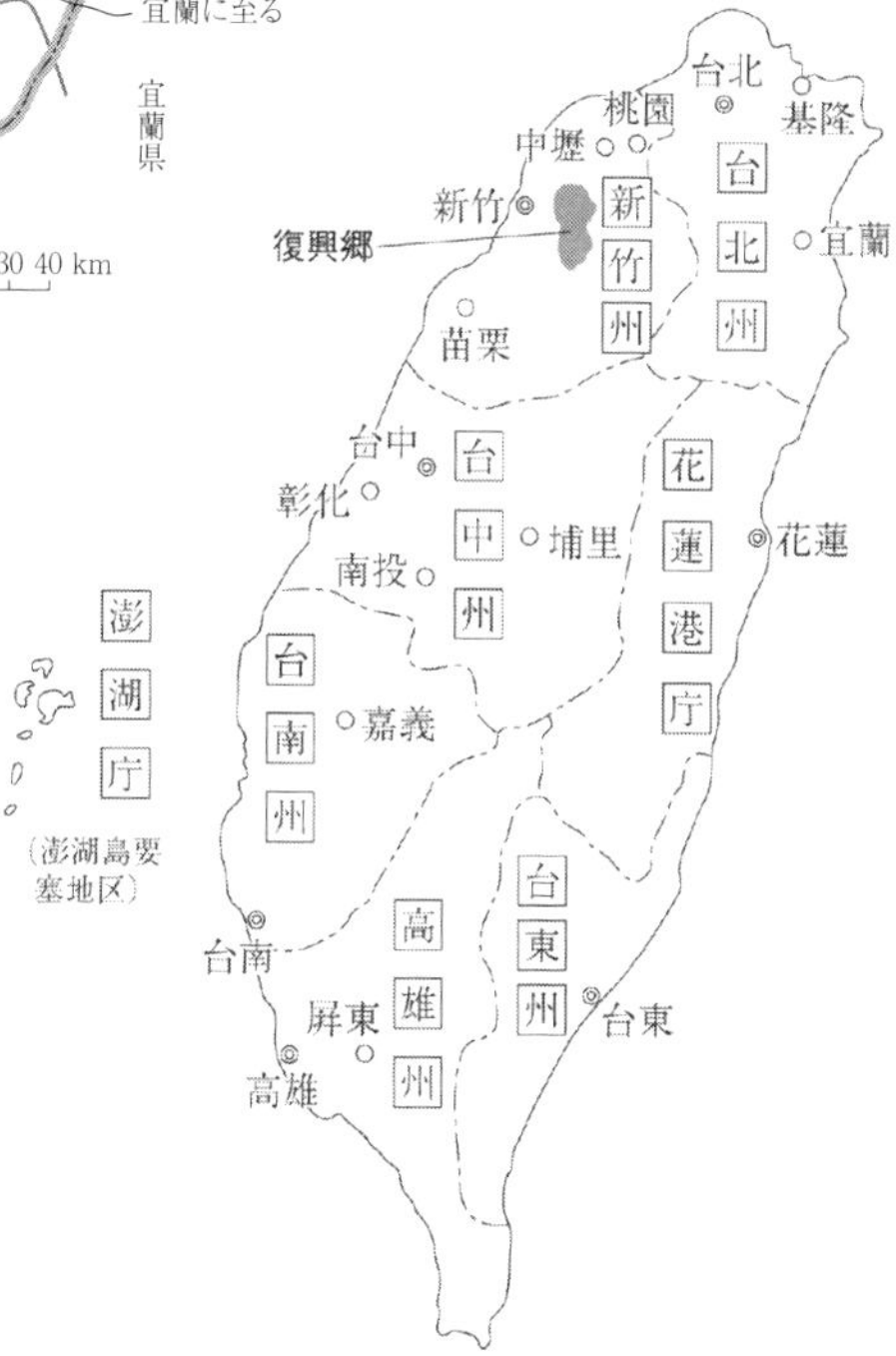

図2　台湾における桃園県復興郷（角板郷）の位置
出典：『台湾警察現労図』昭和7（1932）年などから作成。

くなり、働かざるを得なくなり、水道局に就職した。姉の一人は医者である。緑さんは工場で働いて家計を助けた。緑さんの話から「異文化摩擦」も聞き取ろうと思ったが、「摩擦」はさほどなかったかのように、山での生活に順応し、楽しそうに話している。子供は娘二人で、長女は日本に行き、神奈川県の大学を卒業後、現在は台湾に戻って結婚している。そして、食品会社に勤めた。JAL機内食担当業務である。次女は政治大学に入学して、経営管理を専攻した。「政治大学は台湾大学に次ぐ大学で、日本でいえば京都大学よ」と、緑さんは自慢した。次女は大学卒業後、銀行に勤めた。

なお、周知の通り、台湾中部では一九三〇年一〇月、台中州霧社でタイヤル族（現在はタイヤル族から分離し、セデック族に区分けされている）が日本植民地の理蕃政策（圧政と過度な強制労働、差別）に抵抗してモーナ・ルーダオ指導下で武装蜂起を起こした。これに対して日本は飛行機までも駆使し、弾圧した。その上、日本軍・警察は第二次霧社事件でタイヤル族に報復し、生き残れたのは僅か婦女子を中心に二三〇人（二八九人か）だけであったとされる。これが、著名な霧社事件である（詳細については「まえがき」の註2）。霧社事件など台湾中部原住民の解明は進んでいる。にもかかわらず、台湾北部のタイヤル族はほとんど明らかにされていない。果たして霧社事件の際、北部タイヤル族はどのように動いたのであろうか。

本章では、重要な話はもちろんであるが、世間話など、簡単な話を含め、台湾北部におけるタイヤル族の歴史、経済生活、民族、伝統、文化、および考え方を分析、考察する契機となると考え、コメントなしに極力採録した。この際、多くの名前が出てきて、繰り返し質問したが、関係がよく分からないなど、不明点も残った。また、インタビューでは結婚に焦点を当てながら、同時に時代を遡って聞くつもりであったが、話が清朝時代、日本植民地時代、国民党政権時代、そして現在と錯綜し、分かりにくい。したがって、正確を期すためにも、疑問点を含めて期間を置いて再度角板山を訪れ、質問を繰り返した。特に各人へのインタビューを含め、時代順に並べ替え、文献資料や史料にも当たった（前書『台湾北部タイヤル族から見た近現代史』も参照されたい）。

一　和夫さんと緑さんが結婚した時の状況

菊池　お二人の結婚の時の状況をお聞きする前に、基本的なことですが、何故、この辺を角板山と言うのですか。

和夫さん　これは日本人が命名したと思う。二つの説がある。この辺の山を空から見ると、三角形をしている。それで、「角板山」と称したという。これが一般的に言われていること。もう一つの説は、「角」という字を分解すると、「刀」と「用」という字になる。「刀（近代武器）を用いて」侵入してきた日本軍に対して、「板」という字を分解すると、「木」と「反」になる。タイヤル族は日本軍に「木の棒」（原始的武器）で反抗した。だから「角板山」と言う。

菊池　和夫さんは元来、部族長の家系ですよね。父親や祖父の話をお聞かせ願えますか。

和夫さん　私は「泉民雄」（以下、泉民雄。本名はプナ・アムイ）の長男です。泉民雄は台北一中（現在の建国中学）に日本人の中に一人だけ合格した。父は頭が良かった。成績は一番が日本人で、いつも二番だった。本当は父が一番だったかもしれない。一番が日本人でないとかっこがつかない、と学校側が考えたのかもしれない。父は卒業後、駐在所長になった。……一八九五年に台湾が日本に領有されたが、その直後、枕頭山戦役があり、タイヤル族はそれに参加した。枕の形をしているから枕頭山という。丁度、角板山の向かい側の山ですよ。「山の人」（原住民のこと）は降伏しない。この戦闘には「平地人」（台湾漢族。現在の本省人）は参加していない。タイヤル族以外、パイワン族を含めて原住民はすべて降伏した。

菊池　枕頭山戦役とはどのような戦闘だったのですか。

和夫さん　枕頭山戦役では、タイヤル族は毒矢を使った。鉄砲では音がする。日本軍は馬に乗り、大砲を馬に乗せ、また鉄砲を担いで山を登ってくる。その進路をムササビの擬声を使って合図するのですよ。「フューフュー」、「フューフュー」とね。この戦闘で日本兵は一〇〇〇人中、六七二人（六六二人か）も死んだ。タイヤル族はいわばゲリラだから、七人しか死なない。タイヤル族は褌姿で、また、それを風呂敷のように頭にかぶって日本軍を襲った。だから、日本軍はタイヤル族を恐れた。「動物だ」、「野蛮人だ」とね。ただ、タイヤル族の方も流石に日本軍の大砲には驚いた。木がバタバタと倒れる。それで、タイヤル族側も枕頭山の稜線から逃れた。日本軍が白旗を掲げたところで、談判に入った。タイヤル族側で談判したのは林昭明の祖父ですよ。林昭明は私の祖母の弟の子供ですよ。……日本人も悪いことばかりでなく、よいこともした。例えば、渓口台の水田は日本人が指導した。それ以前は焼き畑で陸稲を作っていたからね。ただし、日本人はよくビンタをした。これは悪いことだ。でも、死刑にはしなかった。これはよいことだね。

菊池　日本のタイヤル族政策はどうでしたか。

和夫さん　日本人はタイヤル族の一代目は反抗心が強いので、二代目を教育しようとした。「以蕃治蕃」で、いわゆる「飴と鞭」の政策だ。そこで、私の父である泉民雄は台北一中に入学できた。

菊池　では、本題に入りますが、結婚した時の状況はいかがでしたか。

和夫さん　緑が初めて台湾に来たのは一九六八年で、観光で入国して二週間滞在した。その間に、法院結婚の手続き書類を書き、公証結婚が認められた。また、緑の居留証（当時は一年ずつ更新。現在は五年間）をとるため、裁判官立ち会いの下で警務処（警察署の一部門のことと考えられる）で手続きをした。これら書類を日本の役所に提出して、二回目の時は一九六九年で、その時、結婚式をした。

緑さん　最初の二週間の間に法院結婚をしたのよ。和夫が「早く早く」とせかすから。

和夫さん　結婚しないと、手続きがとれないでしょう。緑が高校一年生の時から文通し、愛を確認していた。緑が観光で来て初めて実際に会った。文通していた時は徴兵されて、軍事訓練を受けていた。軍服の写真も送ったから緑は職業軍人と勘違いしていたようだ。

緑さん　大きな新聞に皆、出たよ。どこで写されたか分からない。大きく写真が出たよ、私。観光で二週間来た後、一年後、再び台湾に来た。

和夫さん　法院結婚はあの時は少なかったから、新聞記者が沢山来た。だけど、私は相手しない。だから、記者が勝手に文章を作った。……緑が台湾で和夫と結婚したという書類を日本の戸籍事務所に持って行き、日本から結婚したという戸籍謄本をもらってくる。それを持っていれば、台湾に住めるわけですよ。観光では期限があるし、結婚したら永遠でしょう。国際法では、敵と結婚しても大丈夫なわけですよね。中国人（外省人のこと。周知の如く、蔣介石・国民党が毛沢東・中国共産党に敗北して台湾に逃れた時、大陸から台湾に逃れてきた人々で、各省出身者がいる）が日本人を嫌がっていたけれども、私は結婚した。

菊池　結婚した時の状況についてもう少し詳しく教えてください。「法院公証」とはどういうものですか。

和夫さん　私たちの場合、法院公証結婚でしょう。これは両親が承諾、許可しない場合、法院が結婚を許可するというものだ。

緑さん　私は最初、旅行で台湾に来て公証結婚を申請した。民国五七（一九六八）年一〇月一五日に法院から公証結婚が認められた（写真6・7）。それを持ち帰って日本で国際結婚の手続きをした。その後も手続きが必要だった。今度は「入山証」を獲得するため、専案申請をしなければならないよ。専案申請には入山理由と同居理由を書く必要があるのよ。結婚式には姉だけが来てくれた。その上、披露宴の時、台風で大変だったのよ。

和夫さん　当時、角板郷（戦前の名称。現在は復興郷）の住民以外は「入山証」がないと入山できなかった。台湾人も「入山証」を必要とするし、特に外国人に対してはうるさい。……緑が観光旅行で来た時は、「入山証」がない。それで困った。それでも、連れてきたよ。和夫が日本人と結婚したこと、住民の皆が知っているし、「どうぞ、どうぞ」ってね。緑が観光に来て私の家に何日か住んで、日本に帰国した後は大変だった。外省人は日本人を恨んでいるからね。……私は警務処に連れて行かれて尋問されたよ。桃園の警務処で、緑が「なぜ無断で入山できたのか」とか聞かれたよ。本当は、山の下にある駐在所の警官が友だちで、

写真6・7　和夫さんと緑さんの結婚証明書（和夫さん提供写真）

見逃してくれたから入山できたのだけど、迷惑がかかるから絶対にそんなこと言えないよ。そこで、「裏の小道から黙って入山した」と嘘を言った。また、警務処の人は「娘は台湾に沢山いるでしょう。それなのに、なぜ日本人と結婚するのか。台湾の娘では、何か問題あるのかな」、と。私は「結婚は国籍、政治に関係ないでしょう。愛があるから結婚するのでしょう」と答えた。向こうも「それはそうだけど」と言ったよ。……日本の女性（緑）が台北の飛行場で降りてから、私の「角板山の家を見たい」、と。当然でしょう。将来の主人がどのような所に住んでいるのか、どんな生活をしているのか、知りたいでしょう。警務処の人は「それはできない。あんたの住んでいるところは特別管区の山で、あらゆる外国人は入れない。台北ならかまわんよ」、と言う。それなら、「私らは結婚したのにどうなりますかね」、と聞いたよ。そしたら、「あんたら、山を下りて、台北に来て平地に住んだらいい」、と。馬鹿野郎と思ったね。それで「私はお金がない。平地に家を買うのは大変ですよ」と答えた。また、警務処の人は、「入山証がいるのに、なぜ黙って入山させたのか。これは法に違反した」と言う。それで罰金をとられた。ここの警官も調べられた。「どうして、入山させたのか」とね。警察官は「知らなかった。どこから入ったのかも知らない」と一貫して答えた。そうしたら「日本人が（山に）入っているのに、どうして分からないのか。何をしている」と言われたそうだ。この警察官は懲戒され、一年間のボーナスがもらえなかった。

菊池　当時、和夫さんは公務員で水道局に勤めていたのですね。

緑さん　そう、何年何月何日に何をしたというふうに記録に残る。だから和夫のボーナスにも影響したよ。

菊池　個人檔案に残るわけだ。

和夫さん　だから、後で、その警察官に言われたよ。あんたのせいで罰をうけたよ。私の服務成績は「甲のはずが、丙にされたよ」と愚痴を述べた。……結婚した後、私はまた警務処に行った。「結婚しました」、「日本の戸籍が台湾に来た、日本の許可がとれた」と言いにね。警務処の人は「山地に入ってはいかん、平地ならば台北か、桃園か、中壢か、どこでもいい。そこで生活しなさい」とまた言った。それで、私は「平地は地価が高いし、そんな家を買う能力もない」、と繰り返した。ここに外省人で、総統の弟子が主任をしていた。この人が私の友だちだった。彼が「話をつけよう」と言ってくれ、私を警察署に連れていった。「この山の青年は特別管区に住んでいる。結婚した。どうして妻と一緒に住んでいけないのか」、と。彼は昔、中国大陸の警察学校で警務処の偉い人と同学だった。そこで、彼が、その人物がいるか尋ねると、「おります」と答えた。彼ら同士、会った。「おう、もう久しぶり」と偉い人が言った。「どういうことですか」と聞くので、私が経緯を説明した。「おう、そうか。あんた、専案申請をしなさい」、と。

菊池　知り合いが多いですね。

緑さん　水道局に勤めていたからね。

菊池　ところで、難しい言葉が次々出てきますが、「専案申請」とは何ですか。

和夫さん　抜け道はあるのだよ。ただしそれをなかなか教えてくれない。専案申請とは、法律的には、入山理由を書けということですよ。これを教えてくれたことは、親切ですよ。「私は日本人女性と結婚しました。私の住んでいるところは入山証がないと入れないところです。結婚は同居する義務がある」、と書いた。偉い人は「もう少し早く言ってくれればいいのに」と言っていた。それまで偉そうに言っていた人は低い地位だったので、偉い人が言うと、「ハッ、上官わかりました」と言ってすぐに解決した。私を連れていってくれた人は私の昔の同学ですよ。……

結婚式は法院でしたけれど、披露宴は二十何卓で角板山でやったよ。丁度、台風で、暴風雨だった。……角板山の「反共救国青年活動中心」（現在の復興青年活動中心）で、何十卓置けるところで式を挙げた。緑は日本の着物を着て、私は背広を着てね。緑のお姉さんも来てくれたよ。お母さんは、台湾に行くお姉さんを飛行場まで見送りに来たようだよ。こちらに向かう大渓への道は、台風で崩れて、寸断され、車も通れない。結局、親戚や友だちは皆、結婚式に参加できなかった。「二十何卓もご馳走を用意したのに誰も食べに来れない。どうしようか」と思った。でもね、実際はむしろ足らないくらいでしたよ。結婚したら、知り合いや親戚に「赤紙」（招待状）を送るでしょう。お祝いの通知ですね。ここに住んでいる人、知らない人も皆、来たんだ。なぜ来たかと言えば、緑を見に来たんだ。私は通知を出していないよ。それでも、皆、お金を包んで来たよ。

菊池　双方の両親は反対しませんでしたか。

和夫さん　私の方の親戚は歓迎したけど、緑の親戚は反対したよ。それで大変だ。だけど、緑は強い。それでね、大渓のバス駅に新聞記者が来た。尾行されたよ。「あなた、日本人と国際結婚した人でしょう」。「なぜ、あなたはこの人と結婚したのですか。ロマンスを教えてください」ってね。新聞に出すわけだ。でも私は何も答えない。うるさい。そこで、記者は勝手に「山の青年で貧しいかもしれないけれど、緑が『主人が貧乏でもいい。愛の力でここにお嫁に来た』と言っている」、と文章を作ったよ。

菊池　すばらしいですね。

和夫さん　いや、これは新聞記者が勝手に作った話ですよ。向こうが自分で作っているんだ。緑が、「北京語でこういう言葉がある、『犬にお嫁に行ったら犬になり、鶏にお嫁に行ったら鶏になる』」と話したなんて、嘘ばかり書いている。あの時、タイヤル族の人と日本人との国際結婚は少ない。だから、面白い記事になると思って、新聞記者が来るんだよ。今は、タイヤル族の誰かが日本人と結婚しても記事にしない。もちろん芸能人が結婚すれば記事になるだろうが。……あの当時、台北の人（本省人）と日本人が結婚しても、あまり騒がれなかった。特に「野蛮民族」の「山の人」と日本人が結婚する例は少ない。だから騒がれた。こうした難しい時期に緑は来た。

菊池　緑さんの家族はなぜ反対したのですか。相手の和夫さんがタイヤル族だからですか。

緑さん　違う。ベトナム戦争が何年も続き、台湾がアメリカ軍の兵站基地になっていたでしょう。ベトナムに行くアメリカ人が台湾に沢山いたのよ。私の家族はベトナム戦争のことを心配した。台湾は、言葉の面では日本語がある程度、通じるからよいけれど、あの時代、ベトナム戦争が長く続いていたから心配したのよ。

和夫さん　台湾はベトナムに近いでしょう。アメリカ兵が台湾に休息しに来る。「女遊び」に来るんだ。ただし、角板山には入ってこない。ここに入って来る人は、中華民国政府の関係者でずっと来ていた。

緑さん　当時、日本ではタクシーにはクーラーがあった。台湾のタクシーの窓ガラスが割れている。それが普通だった。日本でもタクシーのクーラーはそれほど早くからではないけどね。そうした中を姉さんがくれた振り袖を着ているしね。車もエンストするし……振り袖も埃だらけ。

和夫さん　結婚式は九月末で、タクシーで桃園から台北に行った。緑は最初はお姉さんと一緒に来た。タクシーは大体、四人乗りね。前一人、後ろは三人乗れるでしょう。私ら全員で三人しかいない。当時のタクシーは四人満員でないと、走らない。「ちょっと待て、ちょっと待て」と警察が来た。駅のその場所は客を乗せてはいけないところだった。警察が来たので、タクシーは慌てて駅から離れた所に前進した。その時、ドアをバンと閉めたら、元々がヒビが入っていたから車の窓ガラスが割れてね。運転手が私たちに向かって「早く来なさい、早く来なさい」って。例えば、一人乗った

写真9　和夫さん
（和夫さん提供写真）

写真8　洋装での結婚式の写真だが，和服から着替えたようだ（和夫さん提供写真）

ら百元とすると、四人で四百元でしょう。三人では三百元にしかならない。昔は一人ずつとるからね。そこで、仕方がないので、私が「四人分払うから」と言ったら、やっと発車した。

菊池　今でも台湾の田舎では、タクシーは次々と乗せますよね。メーターで私が乗っているにもかかわらず、次々乗ってきて降りていきましたよ。そして、私はメーター分払わされて、後で乗ってきた客からもどういう計算か分からないけれど、金をとっていた。

和夫さん　今は、台北市内は全部メーターで、他に客を乗せたりしないでしょう。

緑さん　次々と客を乗せるのは合理的といえば、合理的よね。特に高速道路なんかは四人乗らないと、もったいないからね。

菊池　結婚式の写真はないですか。

和夫さん　あるよ。ちょっと待ってて（**写真8**）……もう一枚あるよ（**写真9**）。「台湾の石原裕次郎」が写っているよ。これは私。日本人の新聞記者に「日本に来たら、俳優になれる」と言われた。

写真10　新婚旅行中の和夫さんと緑さん（和夫さん提供写真）

写真11　烏来の滝の前で。左端がロシン・ワタンの四男昌運（医者），2番目が安部先生（和夫さん提供写真）

本当の話だよ。

緑さん　当時は「骨皮筋右衛門」で、主人は痩せていたよ。

和夫さん　それは、あんたのために苦労したからじゃないか。結婚でいろいろ大変だったんだから。

緑さん　あの時、記者は三〇人位来たが、話さなかった。

和夫さん　あの時はボロボロだったからね。……結婚後も、毎日忙しかったよ。「山の人」が、皆やって来る。日本の女性はどうの、こうの、「綺麗ですね。可愛いですね」って言いに来たよ（写真10・11）。

緑さん　もう二〇年以上も前の日航機が落ちた年。お盆で八月の半ば頃、主人は初めて私の故郷岡山に行った。

和夫さん　そうね。緑の父は結婚する前、亡くなった。緑の母は健在だった。でも、台湾は戒厳令時代で会いに行けなかった。特に公務員は行くことができない。蔣介石が存命の時は行けなかった。戒厳令が解除（一九八七年）されてから日本に行った。その時は緑の母はすでに死んでいた。台湾にいる外国人は行ける。だが、台湾人は行けない。だから緑の岡山県の郷里にも行けなかった。蔣経国が総統になった時、解除された。だけど、解除されても、特に軍人、警察は外国に行けないが、一般公務員は行けるようになった。それで、初めて日本に行った。まず韓国に行ってから、日本の名古屋に行った。その後、緑の岡山の郷里に行った。ここより田舎なので驚いた。農業をやっていた。

二　結婚後の山での生活と習慣の差について

菊池　山に来て習慣の違いやカルチャーインパクトのようなことはなかったのですか。

緑さん　人は人、自分は自分。こちらの野菜の炊き方はいろいろあるけど、私は自分の炊き方をした。でも、義母さんからいろいろ習ったよ。

和夫さん　私の母は若い頃、日本時代、日本人と一緒に生活したでしょう。だから、日本の習慣もよく分かっているから。味噌汁なんかもね。緑が来たばかりの時は優しかったけど、後はもう……。

緑さん　私、最初に台湾に来た時、日本人のおばさん（安部先生のことか）と一緒に来たから言葉も通じるしね。

菊池　本当のおばさんですか。

緑さん　いや、「満洲国」で学校の先生をしていた方で、終戦で引き揚げてきた。

菊池　では、北京語ができるのですか。

緑さん　少しはできると思うけれども、満洲は日本よ。だから、満洲ではほとんどが日本語。だから、皆、日本語がとっても上手。

和夫さん　彼女は中国の社会を少し認識している。……だから、中国共産党に負けて、蔣介石が台湾に逃げてきた時、中国人でも満洲から一緒に逃げてきた人は日本語がぺらぺらだった。あの人たちは共産党ではなく、国民党らしい。

菊池　緑さんが来た後は、警察などから呼び出しはないですね。

緑さん　私は呼び出されたことはない。

和夫さん　緑を呼び出してどうするの。台湾は日本と国交を結んでいたし、外交に影響したら困るでしょう。

緑さん　台湾には日本の大使館があった。田中角栄首相の時、変わった。

和夫さん　日本は中国と国交を結び、台湾を捨てた。だから「交流協会」（当時は亜東協会）になった。今、日本大使館はない。日本にも中華民国の大使館があった。

菊池　いろいろと苦労しましたね。

和夫さん　大変だったよ。

緑さん　同じ国で、同じ国民でありながら、ここ（角板山）はストップされている（隔絶されている）のよ。

和夫さん　特別区だから蒋介石の別荘（貴賓館）がここにもあった（写真12）。同時に、一般の「山の人」の山地郷でしょう。「山の人」は少し文化が低いと思われて平地人から騙される。こうして、平地人が山に入って来て、「山の人」の土地を奪った。習慣が違うので、「山の人」は困る。だから、入れないようにする。ところで、山には蒋介石の別荘があるので、とりわけ厳しい。暗殺されたら困るからね。蒋介石総統が来たら、角板郷の住民は全部で二〇〇〇人位だけど、ここ（和夫さんの家の近くは小さな商店街・市場が形成されている）に買い物に来るでしょう。当時、検査され、身分証がないと入れない。……蒋介石の別荘があると大変だよ。角板山の話ではないが、ある時、蒋介石が台北にある陽明山の別荘に自動車で通った。そこの住民は道の脇をトイレにしていた。そこで、大便をするため、しゃがんでいた。ところが、そこに総統の自動車が来た。前奏の自動車に乗っている警備員、弟子、警察は皆、ピストルを持ってい

写真12　蒋介石の角板山巡回　左後方の黒い服を着ているのが，案内役のロシン・ワタン。蒋の背後を歩く青年は蒋経国だろうか（林茂成氏の提供写真）

る。急に人が立ち上がったので、「危ない、総統が暗殺される」と考えて、皆、「パン」とピストルを撃ったよ。その人は、死ななかったが、重傷だった。総統が行くところは、安全のため保護をするからね。その後、その人は尋問された。「総統の車が来たので、驚いて、失礼になると思って立ち上がった」、と言ったそうだよ。

菊池　緑さんは台湾に来る前、台湾について予備知識はありましたか。

緑さん　台湾の友だちがいるから、いろいろ聞いたよ。

菊池　台北にいる人などからですか。

緑さん　違う。日本国内に私の知り合いの台湾人がいた。いろいろ聞いたけれど、話はあくまでも話よ。実際に眼で見ないと分からない。

和夫さん　平地に住んでいたら問題はなかった。ここは特別区だからね。

緑さん　そうしたことは全く知らなかった。台湾は薩摩芋のような形をした「小さい国」よ。日本人など外国人が山に入ることは想定してなく、それに対応する法律がなかった。法律がないけれども、いわば私は法律を破ったことになるわけよ。変でしょう。私は変な国と思った。同じ国なのに国民が入っていけないところがあるなんて……。

和夫さん　だから専案申請が必要になる。……緑が逃げ出したら困ると思って（「変な国」ということを）隠した。それで、子供ができた時、台湾は「こんな国」だって初めて話したんだよ。

菊池　緑さんの家族はどのくらい台湾のことを分かっていましたか。

緑さん　山の民族のことね、私、年寄りから聞いた話だけど、「台湾征伐」の時、日本から優秀な人が来てるのよ。タイヤル族は優秀だから日本からも優秀な人が来てるのよ。

和夫さん　ここにいるのは「野蛮人で、人間ではない」。だから、「征伐する」、と。戦ったけれどもタイヤル族は日本軍に負けた。

菊池　ここの人々とのトラブルはありませんでしたか。

緑さん　「山の人」ではなく、外省人と矛盾があった。私、日本人だということで、外省人から責められた。中国大陸から来た人に、足や背中を見せられて「日本人にやられた。まだここに怪我の痕がある」とか言われた。そういう人がいたよ。今は亡くなって少なくなった。でも、私が戦争に行ったわけでもないし、そのことで責められても……。

和夫さん　戦争中の話だ。大陸で外省人は日本軍の捕虜にされて殴られた。第二次世界大戦の時、日本軍は大陸（のある部分）を占領したでしょう。彼らは日本人から叩かれたり、殴られたりして、怪我をしてね。恨みがある。しかし、緑は二、三歳、私は七歳。戦争のことなんて分かるものか。

菊池　蔣介石と来たわけでしょう。この辺にそんなに外省人が多かったのですか。

緑さん　多かった。

和夫さん　二〇〇〇人位（一般の外省人というより軍関係者・兵隊など）。

緑さん　日本が昔はどこの国とも、朝鮮とか、中国大陸とか、いろいろもめたことは歴史で習った。私もそんなに詳しくは知らないけど、お互い様、あの時代。一時はコリアね、今でももめているけど、私の知っているコリアの人でいい人もいたよ。私の両親なんかもね、「いい人もおるよ、朝鮮人」と言ってたよ。でも、一般的に言えば、日本と朝鮮は歴史的に難しいね。……台湾のテレビで戦争のドラマなどで、出てくる日本人の名字が「佐々木」がなぜか多いのよ。私の姓は「佐々木」でしょう。「佐々木小次郎」以外にも、「佐々木」という名字がよく出る。

菊池　日本人の代表みたいに使われるのですか。

緑さん　「佐々木小次郎」は台湾でも有名で、いろんな話、悪い話でも「佐々木」が使われる。

和夫さん　外省人が台湾に来た後、テレビで日本人が中国大陸でしたことが放映された。

菊池　閩南人《びんなんじん》（明清時代に福建省南部から移住した人々の子孫で本省人。現在、台湾人の中で最大人数）とは問題はありませんでしたか。

和夫さん　私の家なんかね、日本人が来る前、平地人、特に閩南人とは戦争だよ。

緑さん　閩南人とは敵同士だった。

和夫さん　平地人は皆、敵だった。客家《はっか》（主に広東省から来た客家系台湾人）も同じで、山に入って来たら殺す。逆に、「山の人」が平地に行くと、殺される。双方の間に境目がある。山の地盤と平地の地盤、そうした境がある。その境で戦争をする。

菊池　客家とは矛盾がありましたか。

緑さん　少しあるよ。客家はとても団結している。客家は人口的には少ない。客家はケチで、一円でも節約する。

菊池　そうでない人もいますね。

和夫さん　客家は貧しかったから一般的にケチ。福建省南部から閩南人は四〇〇年前に来た。閩南人は台湾に来たのが早い。だから、良い平地を獲得した。客家は後から来たから平地と山との間、丘陵地帯に来た。それより奥に入ると、「山の人」がいて衝突する。でも、「山の人」と接触する機会が増えた。客家は口がうまく、「お願いします」など、低姿勢でね。以前は、冷蔵庫もなかったでしょう。そこで、客家は「山の人」に「塩漬けの魚や餅をあげるから」、とおべっかを言いに来る。だけど、「山の人」から見れば、やっぱり「おまえは平地人で、外来人だ」、と始めは衝突するでしょう。そうしたら、客家は「山の人」に「私の小さい子供をあげます。あんた、子供いないでしょう」、という。いわゆる養子縁組ですね。そうすると、親戚になるでしょう。この後、「お願いします。山に入らせてくれ」と言われると、「山の人」も親戚だから断り切れない。「土地を貸してくれ」と言われて土地を貸した。こうして、客家はだんだんと山に入って来た。山には塩がない。そこで、客家は「塩をあげる」、「マッチがないの。マッチをあげる」、こうして入ってきた。もちろん山には、塩の代わりになるカブラのようなものがある。そうした植物の葉を絞ると、塩のようになる。ただ山には海塩がない。平地人には海がある。客家が塩を持ってくると、「山の人」は地代はとらず、塩と交換で土地を貸す。こうして、だんだんと入ってきた。客家は平地に降りると、閩南人と衝突する。客家から見れば、山を下れば閩南人、山に登れば「山の人」でしょう。挟まれているから、「山の人」におべっかを使った方が有利だと思ったのでしょう。私の祖母は龍潭の客家だったけれど、祖母も子供の時、タイヤル族に養女に出された。だから私には少し客家の血も入っている。

緑さん　私が来るずっと昔の話……。

和夫さん　そんな昔の話じゃないよ。もう日本人も入ってきた後だから。

菊池　タイヤル族と他の原住民との間に矛盾はありますか。

緑さん　タイヤル族は顔の色も白い。それに対して南部の原住民は背が小さくて、腹が出ていて、色が黒い。台湾の原住民もいろいろだよ。言葉も多い。

和夫さん　そして、彼らは目玉が白い。民族が違う。インドネシアやマレーシアから来た。日本時代、台湾アミ族、プヌン族などはなく、原住民の総称が「タイヤル族」だった。つまりタイヤル族が「山の人」の代表であった。黒い人間は「土人」と言われていた。日本との戦争の時も他の民族はすぐに降参した。だけど、タイヤル族は優秀な民族で、「自分の土地を死んでも明け渡さない」、「負けても嫌だ」、そうした精神がある。そして、日本軍と最後まで戦って負けた。

三 「蕃刀」と入れ墨

（一）「蕃刀」

緑さん タイヤル族は「首をとる民族」だよ。日本人の首を相当とった。ナイフでね。

和夫さん ナイフではなく、「蕃刀」。

緑さん 大きくて、いわば鎌と同じよ。日本刀は長い。「蕃刀」は短いけれど、パッとやると、首がポンと落ちるそうよ。そういう民族よ。台中の「九族文化村」に行ってみたらいいと思う。タイヤル族は、頭を沢山並べている[2]（その後、筆者はすぐに「九族文化村」に向かった。模造品の頭蓋骨二〇～三〇個が棚に展示されていた〈**写真13**〉）。

写真13　九族文化村にあったタイヤル族の敵首棚（筆者撮影）

菊池 「蕃刀」はどの位の長さがあるのですか。

和夫さん 「蕃刀」は四〇～五〇センチ位（これは標準型。「蕃刀」には大中小があり、長い物は一メートル以上ある）。日本刀は両手で切るでしょう。「蕃刀」は片手でいい。頭の髪の毛つかんで、サッと切る。切れる。

緑さん　猪でも格闘して仕留める民族なのよ。

和夫さん　山に狩りに行くと、まず犬を先に行かせる。犬は速度が遅いけれど、持久力がある。猪は猪突猛進でしょう。猪は猛スピードで逃げるが、持久力がない。そこで、猪は弱ると、犬を待って反撃しようとする。だが、犬に吠えられている間に、人間が到着する。猪は人間に突進してくる。猪の頭は尖っている。「蕃刀」でも頭蓋骨を刺すことはできない。だから、下から胸をねらい、心臓を一撃する。正確に刺せないと、人間の方がやられる。特に猪の雄は牙があるからね。

菊池　雌は大丈夫ですか。

和夫さん　雌は咬む。咬まれたら、骨まで折れてしまう。だから、雌も恐ろしい。そこで、一発でやらなくてはならない。心臓ではなく、腹を刺したら大変だよ。暴れて、猪が死ぬ前にこちらがやられてしまう。

菊池　「蕃刀」は戦争の時も使用したのですか。

和夫さん　日本軍がニューギニアで戦った時、高砂義勇隊が召集されたでしょう。当時、父は警察だったので、兵隊に行かなかった（当初、警察官は兵隊にならないという規定があった）。戦争末期になると、五十数歳でも召集された。私あの時、栄華、奥山にいたでしょう。あの時、何歳だったかなあ。道に皆、並んでね。「頑張ってよう」、「勝ってきてよう」、と奥さんや子供が日本国旗を持って見送った。私も日の丸を持ってね。その時、栄華の派出所にいた父が指揮した。姉（和子）と孝男と妹、そして私がいたが、祥坤はまだおらず、高義で生まれた。……

南方戦線に行って赤痢など病気で死んだ人もおるよ。日本の兵隊は食べ物が合わない。食べ物がない。そこで、「山の人」が助けた。「山の人」が山（ジャングル）に行き、山豚（猪のこと）の罠を仕掛ける。それを日本兵に食べさせたが、それでも食糧が足りない。アメリカ兵の捕虜の首を日本刀で落とす。日本兵が「日本刀が強いか、蕃刀が強いか、競争しよう」と言った。日本兵が双手で日本刀を握り、切ったが首が落ちなかった。今度は高砂義勇隊が使用していた「蕃刀」で、「捕虜の首をとれ」ということになった。片手でサーとやると、首が落ちた。やはり「蕃刀」が強い。刀身が短く、あとは技術の問題。……食糧が足らないものだから、「山の人」が「山肉」と「アメリカ人捕虜」の肉を混ぜて炊いた。人間の肉だよ。日本兵に喰わせたそうだよ。「山の人」はこの肉が何の肉か知っているから喰わない。日本兵は知らない。……結局ね、日本は負けた。南方戦線に角板郷だけで四百何人が行ったが、帰ってきたのは百人弱だった。私の母の弟も行って遺骨で戻ってきた。

菊池　「山肉」とは何ですか。

和夫さん　「山肉」とは、山豚の肉、鹿の肉など、山で捕れる動物の肉のことだよ。「山の人」は罠を掛け、鹿も捕る。日本兵は罠のかけ方を知らない。兵隊が多いから「山肉」だけでは足りない。腹が減ると、処刑されたアメリカ兵の人肉でも何でも喰うよ。だけど、後で、アメリカ兵の肉と知って、日本兵は、皆、吐きだしたそうだ。「山の人」は「おまえらは何もできない。山肉も捕れない、猪も捕れない。アメリカ兵の肉でも喰う」、と心の中で笑っていた。南方戦線に行った時に、そういう話があるんだ。……高砂義勇隊は（戦闘の時も）もちろん先頭をきった。日本兵は後ろで「やれー、進め」と命じるでしょう。でも、死ぬのは日本兵が多い。なぜならアメリカの大砲の砲弾は後方に飛ぶ。前の方がむしろ安全だった。

（二）入れ墨

菊池　タイヤル族の入れ墨は有名ですね。

和夫さん　そう、男は額と顎。女の場合、顔一杯に入れ墨をする。入れ墨がないとお嫁に行けない。

緑さん　娘は一四、五歳で入れ墨を入れた後、結婚する。

菊池　入れ墨は痛くないのですか。

和夫さん　それは痛いよ。転がり回るほど痛い。入れ墨を入れるのに、一ヵ月もかかる。以前は煙突には黒いススが残るでしょう。それを塗って針で刺す。女は入れ墨の範囲が広いから大変だよ。刺すと、腫れるけれど、薬もないよ。林昭明のお母さんを見たでしょう。入れ墨してたでしょう。

菊池　九五歳の誕生日に出席した時、お会いしました（写真14）。八〇人位が出席していた。私は友人で弁護士の黄徳財さんと出席した。緑さんもその時、いたでしょう。その他、緑さんには工場でも会っていますから、今回で、すでに三、四回お会いしていると思います。記憶にありませんか。

和夫さんとも会っている。

和夫さん　林昭明のお母さんは一〇〇歳で死んだ。

菊池　なぜ、男より女の方が入れ墨の範囲が広いのですか。

和夫さん　苦労しても耐えられるようにだよ。

写真14　林昭光，林昭明両氏の母95歳の誕生日会（筆者撮影）

(三) その他

菊池　タイヤル族は病気や負傷した時、それまで、どうしていたのですか。

和夫さん　巫婆《ふば》というのがいた。病気を治す。お礼に物を贈る。一回で病気を治さず、何回も来ると、物を多くもらえた。占いもする。アニミズムかな。

菊池　アニミズムと言うより、シャーマニズムでしょう。

緑さん　私も巫婆を見たことがあるけど、入れ墨をしているし、怖い感じがした。

菊池　緑さんは角板山に来て、他に驚いたことはありますか。

緑さん　「山の人」は当時、まだ裸足の人がいて、足があまりに大きくてあまりにも広がっていて、指も開いていて驚いた。まるで鶏の足みたい。「山の人」は靴を履かないから足が大きい。私が台湾に来たばかりの時、そんな人がいたよ。一番年寄りのおじいさんがそうだった。びっくりしたよ。でもじろじろ見たら失礼でしょう。それほど大きくない人もいたけど、一般的に大きい。

和夫さん　日本時代、日本人が角板郷の頭目たちを集めて日本観光に連れていった。それまで、裸足だったでしょう。足が大きく、開いているし、幅はもちろん広い。だから、なかなか靴が入らないのを無理やり靴を履かせた。まあ、足袋なら無理をすれば入る。……山を登るから皮が厚い。普通の足では山に上がれない。山羊の足みたいに開くと上がりやすく、崖でも登る。足が大きい人は、沢山いたよ。私の祖父の弟は怠け者だったためか、それほど大きくなかった。

菊池　過去には台湾原住民には男系家族も女系家族もあると聞きますが、タイヤル族は男系家族ですよね。原住民各種族の伝統的な結婚形態はどうですか。

和夫さん　台湾原住民の中でタイヤル族だけが昔から一夫一婦制ですよ(3)。妻が浮気したりすると、竹で造った小屋に入れて顔を出させないようにした。だって、夫の家の者は恥ずかしいでしょう。食事は誰かが運んでいた。夫が浮気した場合は、小屋には入れられなかったよ。ただ、ゲンが悪いとか、山豚や鹿などが捕れなくなるとか言って、一緒に狩りに連れていかない。一人で狩りに行くしかなくなる。この風習は日本時代もしばらく続いたが、あまり良い風習ではないということで、日本も止めさせようとしたのか、いつしかなくなった。

菊池　さきほど昼食の時、タイヤル族の家庭料理である山菜料理と共に出してくれた五センチ位の魚は何という魚ですか。

和夫さん　あれは「生蕃鯉」といって清流にしか住まない魚です。口は大きい。鮎と同じで、細長いコケを大きな口で吸い込むように食すのですよ。最大で三〇～三五センチ位。台風や大水でコケがなくなると、ミミズや虫でも釣れる。日本領有初期の頃、「山の人」は警察を偉い人と思っていた。そこで、日本人の駐在所長にこれをご馳走すると、「美味」と言い、「珍しい」と言う。所長は釣ろうとするが釣れない。網や槍でも捕れない。ついに所長は怒って「思うように釣れない。言うことをきかない生蕃と同じだ。これは生蕃鯉だ」と言った。それ以来、この魚を「生蕃鯉」と言うのですよ。……本当はね、パンでも釣れるのですよ。当時はそのことが分からなかった。今のようにパンもなかったしね。今は、皆、パンで釣っている。

四　緑さんの山での生活

菊池　山での生活を実際にしてどうでしたか。結婚した時は電気はありましたか。

緑さん　ここにはテレビがあった。電気はここまで通じていた。けれど、ここから奥はない。皆、蠟燭がなかったら、カンテラだった。バスも車内を真っ暗にしたまま走る。ここ（彼らの自宅）から奥は真っ暗で、怖かったよ。そのくらい、日本より遅れていた。

和夫さん　復興郷は広い。ここから三〇キロから四〇キロの奥まで復興郷だからね。三光には電気がなかった。

緑さん　三光はガス、水道は通じていたけど、電気はまだで、カンテラだった。私、薪取りを土曜、日曜にやった。風呂は薪で焚いた。ご飯でも野菜でも薪で焚いたよ。お風呂も湯船がなかった。

和夫さん　その後、何年も経たないうちにガスが入ってきた。あの時は、日本よりも一〇年位遅れていた。日本も以前は薪でしたよね。日本がガスになって、台湾は一〇年後になってガスになった。

緑さん　薪はいいけどね。クーラーはないとね。ここでもかなり暑いし、日本に比べると、湿度も高いから蒸し暑い。

菊池　一般家庭にクーラーが普及したのは日本でもそう昔のことではないですよ。急激に皆、クーラーをつけましたけどね。

緑さん　こんな笑い話がある。中国人（蔣介石ら外省人）が台湾に来た時、台湾は中国より発達していたでしょう。壁に蛇口をね。……

和夫さん　そうそう、これは本当の話だよ。中国大陸から国民党が台湾に来たでしょう。私の所に国民党の兵隊さんが来た。中国大陸では井戸水や川の水を運んだ。深い井戸を掘ってね。水道がない。台湾では壁に蛇口がついていて、ひねると、水がジャーと出る。その水は壁から出てきたように見えるでしょう。そこで、国民党の兵隊が蛇口を買いに行った。そして、蛇口を壁にとりつけたが、水が出ない。「どうして水が出ない」と怒ったそうだ。

緑さん　そのくらい、中国は遅れていた。

和夫さん　私はそれまで中国大陸がかなり発達していると思っていた。戦争も強かったし、日本に勝ったしね。中国大陸はこんなに遅れているのかと思ったよ。蛇口に水道管がつながっているのは常識でしょう。この話は五〇年以上も前の本当の話。

和夫さん　写真を見せましょう（**写真15**）。これが日野三郎さん（ロシン・ワタン）と私のお父さん。日野さんは私の父の伯父さん。この時は、日野さんはお医者さん。もう一枚の写真を見せましょう（**写真16**）。この頭が大きいのが私。大きい下駄をはいてね。四歳か三歳かな。これが私の姉さんの和子。これが後に郷長になった孝男。これが母。当時は和服を着ていた。浴衣ですよ。これが三光の駐在所。孝男はそこで生まれた。私はここで生まれた。姉

写真15　ロシン・ワタン（右）と少年時代の和夫さんの父
（和夫さん提供写真）

写真16　和夫さんの父母と子供たち　大渓郡三光にある警察官吏駐在所の前で（和夫さん提供写真）

さんはヨウハブン（現在の霞雲）で生まれた。駐在所の警察は転勤するでしょう。母は学力はないけれど、綺麗だった。だから、父は惚れこんだんだ。タイヤル族に和服を着せようと思っても簡単ではないよ。父は警察でしょう。もちろん日本人警察と一緒だから、日本語を話しているでしょう。私はタイヤル族の言葉を二七歳から習った。父が死んでから習った。以前は日本語。タイヤルの警察署（駐在所）の門のところで撮った写真。珍しい写真でしょう。皇太子時代の昭和天皇が来る予定で、角板山に貴賓館を建てた。実際には来なかったけどね。

緑さん　主人の兄弟は、皆、背が高いのよ。

和夫さん　一七七センチ。若い頃は一七八センチだったけれども。こういう写真は一般民衆は持っていません。当時は、写真を撮る資格はありませんでしたよ。

緑さん　優秀なお義父さん（和夫さんの父・泉民雄）だったのに若死にして……。

和夫さん　私の父は演説する時、書いたりしない。題目をくれたら、すぐに演説できる。だから、父は国民学校の家長会会長でしょう。いつも「泉さん」と慕われて、父が演台に上がって日本語で演説する。私は国民学校の一年生。あの時は、父はまだ北京語ができない。蔣介石の軍隊がもう来てたよ。だから、あの後、私から一生懸命に北京語を習った。父から「本気で教えてくれ」と怒られたよ。日本が負けた後、今度は中国政府（国民党政権）になったでしょう。中国政府はすぐ選挙をしないで、父に「県会議員になるように」と言った。こうして、第一回目の新竹の県会議員になった。議員は演説しなくてはならないでしょう。演説できない議員がいる。「泉さん、ちょっと演説原稿を書いてくれ」って頼まれていた。父は勉強しないでも、頭が良かった。もし父が生きていたら、九六歳になる。林昭光は八三歳。父とは従兄弟。父が末っ子で、身長が六尺（一八〇センチ）、英雄だ。

菊池　日野三郎（ロシン・ワタン）さんについて教えてください。

和夫さん　日野さんは台北医専を出て医者となり、山地の衛生問題を改善しようとした。山では、日本人医者は信用されていないので、まず日野さんが行って、マラリア、赤痢などの撲滅のため活動した。蚊など病気の原因を教えた。これは、迷信打破の活動とも言えた(4)。日野の奥さんは日本人だ。東本願寺派の僧侶の娘だったかな。日本にある理蕃課で、「台湾にお嫁に行きたい者がいれば、手を挙げてくれ」と言った。台湾の何族かも分からない。台湾に来たこともない。ところが、一番後ろにいた女の人が「私が行きます」と言って手を挙げたらしい。度胸があった。その人が日野さんの奥さんになった人で、日野サガノといって愛媛県生まれだよ。蕃童教育所には、警察官で教師をしていた本野先生がおり、愛媛県の人で、何かと彼女の世話をしていたようだ。……奥さんは、日野がいる時は大人しかったが、日野が不在だと、使用人につらく当たった。私の母が日野さんのところに行って、お手伝い、料理や掃除などをしたが、日野さんの奥さんは「山の人」を無視する。夫は「山の人」なのに、日野さんの親戚が来たら、「掃除が終わっていないから掃除して」とか、これやれ、あれやれと命令する。とにかく人使いが荒い。日野さんはそれを知って怒り、奥さんにビンタをした。そうしたら、奥さんは「すみません」、「すみません」と必死で謝った。けれど、その後も使用人に対する態度は変わらなかったらしい。精神が不安定だったのかもしれない。だけど、二人の間に生まれた子供は皆、頭がいい。

菊池　日野さんの妻はお嬢さんだったのですか。育った家庭環境は分かりますか。日野さん以外のタイヤル族に差別意識があったのかもしれませんね。

和夫さん　日野の妻の育った家庭環境については分からない（後で分かったことによると、大きな農家の娘）。出身は愛媛県松山市の近くの伊予出身。本野先生と同郷でしょう。

菊池　日野さんが蔣介石に処刑された後、奥さんはどうなったのですか。

和夫さん　日野さんが死刑にされた後も、四人の子供と角板山にいたよ。四兄弟とも高等教育を受けた。長男の茂成さんは台北一中（今の建国中学）を出ている。明日、行こう。今は体が良くない。

農業をやっている。彼も外省人にかなり痛めつけられた。二番目は日本で医者になったが、今は認知症になっている。学校の先生をしていた三番目は死んだ。四番目の一番小さいのは、私より二歳下で、台北医大で医者をしていたが、もう引退したかな。明日行く茂成さんの家は三光の向かい側にある。孝男はあそこで生まれた。私は角板山で生まれた。菊池先生、明日起きて朝御飯を食べたら茂成さんの家にバイクで行こうね。(5)

【註】

(1) 復興郷は桃園県南端の山岳地帯で、東の達観山、南の西丘斯山、泰矢生山があり、海抜二〇〇〇メートル以上である。復興郷の北は大渓鎮、台北県の三峡鎮、東は台北県の烏来郷、東南は宜蘭県の大同郷、西南は新竹県の関西鎮に接し、総面積は約三五〇平方キロメートルに及ぶ。復興郷は三民、澤仁、羅浮、義盛、霞雲、長興、奎輝、高義、三光、華陵の一〇ヵ村から構成される(桃園県政府『桃園県変更都市計画審核摘要表』一九八〇年、一二〜一三頁)。こうして、桃園県政府は、風光明媚な地域として、観光事業に力を入れようとしている。現在は本省人の漢民族が一定程度、入り込んでいると考えられるが、復興郷全体が元来、「山胞」(「山の人」)の中でもタイヤル族の居住区であった。

(2) これを「敵首棚」と称し、通常、各部落の入口に設けられ、出動、獲得した敵の首級・頭蓋骨を並べる。それは次のような意味があったとされる。①警告—その部落が強力な戦力を有していることを顕示し、敵に軽挙妄動、報復しないように警告する。②悪霊からの防禦—部落内で絶えず疾病、飢餓などが発生した場合、それは部落の精神力が減退していることを意味し、悪霊が侵入してくる。そこで、強者の霊によって鎮守する。③生命の尊重と同一性―敵の首を一定の場所に奉納することで、その生霊を尊重し、早く「帰天する」（あの世に行く）ことを祈る。また、周囲の霊魂と共に部落と結びつき、生命共同体を形成する（九族村にあった説明文参照）。

（3）通説では、台湾原住民は全て一夫一婦制とされている。

（4）和夫さんは「日野さんは厳格で信念の人だった。ただね、面白い話もあるのですよ。菊池先生、聞きたいですか」と言った。「何ですか」と聞くと、「日野さんはお医者さんでしょう。ある時、その地域で噂の美人の娘が腹痛か何かで診察に来た。娘はベッドで横たわって診察を待っていたら日野先生が白衣を脱いで裸になって覆い被さってきたそうだ。大騒ぎになって、日野先生は謝った。結局、示談になって、大きな牛を一頭、彼女に与えて収まったそうだ。日野先生は結構女好きだったという話……」。

（5）和夫さんによると、「一時期、日本人の中小企業の社長さんとか会社員とかが台湾に女遊びに来た時期があった。そして、彼女を作り、子供が生まれた。子供も今では皆、大人になった。だから、角板山でも日本人の血が入った人が何人もおるよ。……なかには、日本に奥さんがいる人もいるでしょう。大騒ぎになった人もいる」、という。

第二章

「和夫」さんに対する単独インタビュー

父への思い、自らの生き方、そして緑さんへの愛

はしがき

筆者は二〇〇九年三月二四日、鍾錦祥氏（現在、東南科技大学助理教授。広東客家出身の台湾人。筆者が大阪教育大学で教鞭を執っていた時の大学院生である）と龍潭で待ち合わせ、角板山まで自動車で送ってもらった。したがって、最初は鍾氏も同席している。実は、鍾氏の大叔父（祖父の弟）が「昔、タイヤル族に首を狩られた」と言って、行くことにあまり乗り気でなかったが、筆者が「ずっと昔の話でしょう……」と説得した。もちろん和夫さんたちと同席した時は和気藹々に談笑していた。それにしても、台湾で驚かされるのは思いがけないところで、大叔父が馘首されたなど、種々の関係があることである。

インタビューをしたのは、和夫さんが育った家の跡の土地を整地して建てたという新築の三階建ての家屋である。そこで、昼から深夜までずっと語り合った。筆者が「もう疲れたでしょう」と言っても、和夫さんは「大丈夫、大丈夫、疲れていない」と言って話し続けた。さらに、夜になると、この地で作ったという珍しい薬酒と夜飯を御馳走になり、さらに酔うほどに興に入り、和夫さんは悲しかったこと、苦しかったこと、嬉しかったこと、楽しかったことを話し続け、尽きることがなかった。自らに対する誇りと強さと、そして劣等感と弱さとを洗いざらい話し続ける。後述の如く緑さんによれば、この家は和夫さんと彼の母の思い出の場所に建てたという。思い出の一杯詰まったこの家で話したかったのであろう。当然のことながら、前章のインタビューと繰り返しの部分もあるが、和夫さんは生き生きと微細に入って語っており、完全に話が重複した部分を除いて採録した。

一　和夫さんの父・泉民雄について

菊池　泉民雄さんは警察の部長クラスでしょう。

和夫さん　あの時、部長格であった。「山の人」でこうした地位に就ける人は少ないですよ。受験すると、毎回、必ず父は合格する。頭がいい。今でいえば、派出所の主監です。部長は長い日本刀を下げてね。偉いですよ。あとは皆、部下でしょう。部長になったらピカピカの長い革靴をはく。普通の警官は一般兵隊みたいな足袋だ。部長の下は少なくて、副部長一人、そして警吏（警員）が二人、警丁《けいてい》（警手《けいしゅ》）が五、六人位。警丁は「工友」とも称され、下働きや雑役もやった。平地はもっと多く、部下は五〇人から六〇人位でしょう。

菊池　お父さんが亡くなったのは何歳でしたか。病気ですか。

和夫さん　父は四四歳。胆囊が腫れてね。一、二週間痛んだらしい。ここの藪医者が「マラリアだ」って言った。誤診ですよ。当然、マラリアの薬を注射したが治らない。ここからバスがあったけれど、病人は乗れない。ところが、あの時代には、この辺にはタクシーがないでしょう。だから姉さんが大渓まで行って、タクシーを注文した。ここまで迎えに来てもらって台北の病院に連れて行った。その時は、もう発症してから一週間にもなる。手遅れだった。台北の病院に着いた時には胆囊はパンと破裂した。そうしたら膿が全身に回ってもう治らない。今の医学だったら簡単だったのにね。

菊池　今だったら死ななかったですね。

和夫さん　うん。今ならまだ生きてるよ。そうしたら父は郷長になってるよ。郷長に必ず当選する。……父が郷長になれなかったでしょう。だから、ずっと後で、私の弟の孝男が父の希望を果たすために、郷長になった。……戦後、第一回目の民選で林昭光が郷政府の郷長に当選した。その時、林昭光は若いし、高等農業学校を出たけれども、もちろん父の学力と比べればまだまだだね。林昭光は日野さんの弟の息子ですよ。親類関係が近いから争っても仕方ないからね。この時、父は選挙に出ず、林昭光に郷長の椅子を譲った。ところが、林昭光は郷長になったが、任期が終わらない内に国民党に捕まった。そこで、民衆が父を支持して、「選挙に出てください」、「泉さんが郷長になってくださいよ」と言った。警察時代の父は優しい人柄で民衆を愛したでしょう。だから民衆から支持された。それで、父は「必ず郷長に立候補する」と約束した。だけど、国民党は「日野の甥だから危ない」と言って反対した。代わりに国民党は、国民学校しか出ていない学問のない者を指名した。国民党は「学識のない者は言うことを聞く。それに対して学問がある知識分子は国民党に反対するかもしれない」と考えたのでしょう。父が当選しないように妨害した。それでも父は選挙に出た。選挙活動をして自分の考えを述べた。選挙当日、投票が始まった。皆、支持する候補者に拇印を押す。

菊池　投票の際、拇印を押すのですか。

和夫さん　拇印を押す。当時、字を読めない者が沢山いた。顔写真の下に名前が書いてあって、支持する人の下に拇印を押す。……そこで、民衆は「タイヤル族のアムイさん（父の本名）はどれですか」、「泉民雄さんはどこですか」って聞いた。選挙管理人はみな国民党の人でしょう。民衆は字が読めない人が多いでしょう。年寄りは目が悪く（眼鏡がない人も多く）、写真がよく見えない。また、父の顔を知らない人もいた。選挙管理人は「ここです」と嘘を言い、国民党が指名した人物に投票させた。……こうした状況を見て、父は「こんな不公正な選挙はない」と、途中で「もう辞めます」と言って、立候補を取り下げた。結局、国民党が推した人間が当選した。……この時、父は憤慨し、「次も出馬する。そして必ず当選する」と決意した。だけど、病気になって死んでしまった。

菊池　陳儀（日本敗戦後、台湾省行政長官兼台湾警備司令。二二八事件を弾圧。一九五〇年、蔣介石により処刑された）の時はどうですか。

和夫さん　あの時は民選ではない。あれはもっと前のことで、国民党が台湾に来たばかりの時期に、「この人を郷長にせよ」と命令して、「官配」（当局による配分）で指名される。だから林昭光が最初の民選第一回目で当選した郷長だよ。

菊池　民選は何年から始まるのですか。

和夫さん　一九五一、五二年あたり。だから日野さんとの関係で、林昭光は任期途中で捕まり、三年間位拘留された。罪はなかったのに……。国民党は林昭光が郷長だと、彼の伯父（ロシン・ワタン）は思想犯だし、「こいつは危ない」と牢屋に入れて隔離した。林昭光がタイヤル族民衆に支持されて、国民党政治に影響するのを心配したんだね。それで、父は出馬したが、不正な選挙に抗議して投票日に出馬を放棄した。それで、翌年二月の第二回選挙で父は必ず当選するはずだったが、選挙の半年以上も前の七月に死んだ。……父が病気している時、沢山の人が見舞いに来たよ。「元気を出してねえ」、「早く病気を治してね。皆、支持しますから」と言ってたよ。

二　和夫さん自身のこと

菊池　その時、和夫さんはどういう状況だったのですか。

和夫さん　あの時、私は七月に新竹初級中学を卒業し、家に帰ってきていた。今度は高級中学の入試があるでしょう。私は父が亡くなったけど、頑張って受験場に行った。そして、高等農業学校に合格した。九月から新学期が始まるけど、学校を一年間、休学することにした。父が亡くなって、母は気が狂ったようになった。母一人で心配だから、家に戻って家の仕事とか手伝ったよ。

菊池　学校に通えなくなったのですね。

和夫さん　しようがない。あの時、沢山の弟妹がいるでしょう。私は自分を犠牲にした。姉は新竹女子高級中学二年で、途中で学校を止めるのはもったいない。姉も一年位休学していたけど復学して卒業した。そして、高雄医学院に入った。そうしたら、ますます費用がかかる。そこで、私は次の年も、その次の年も休学手続きをとった。その間に私は勉強して公務員の検定試験を受験しに行き、それに合格した。だから、「公務員になれるのだから、高級中学に復学しなくてもいいや」と思った。それでも、よく本を読んだよ。

菊池　今まで喋っているのを聞くと、和夫さんは頭がいいからね。でも、これも運命と思いますよ。

和夫さん　もし大学まで出たら「別の人生があったかもしれない」と思う時があるよ。……あの時は、母を手伝うだけでお金がなかったし、家を離れることもできなかった。でもね、その時、学歴がなくても技術方面で頑張ればいいと思った。国民学校しか出ていなくとも偉くなった人もいるし、努力すれば、将来何とかなると思って……。

菊池　それで独学して公務員に合格した。なかなか、いい人生だと思いますよ。

和夫さん　そう思ってくれる。公務員試験を受けて簡単に受かった。そして、今、日本人の菊池先生からインタビューを受けている。こんな台湾人はなかなかいない。すごい。少ない。新聞のニュースにも沢山出た。……もし私は高級中学を出たら、医者になっていたかもしれん。医者になったら、当時の医者は国会議員になれる道があるから、ひょっとしたら私も国会議員になっていたかもしれないよ。……でもね、私は失望していない。知り合いに大学を出た人がおるけど、今、比べたら、かえって私のほうが出世した。大学も何にも出ていないのにだよ。

菊池　水道局では、大学卒と初級中学・高級中学卒では出世のスピードはやはり違いますか。

和夫さん　私は課長級でしょう。大学を出た人は私の部下ですよ。私の学歴は初級中学卒だから馬鹿にした。でもね、大学卒でも公務員資格に合格してない人は、私より俸給も少ない。嫉妬されるくらいですよ。私は負けていない。確かに大学卒は出世が早いですが、検定に合格しなければ出世はできない。水道局の主任が給料表を見たら、彼に次いで私が二番目。私よりも大学卒や高級中学卒の人の方が俸給が少ない。主任は驚いてたよ。だって、私は一七歳の時、公務員試験に合格しているのだから。

菊池　かなり勉強したんでしょう。実力があるということですね。

和夫さん　そりゃもう。試験場には学校の校長先生や高級中学の先生も沢山、受験していましたよ。そんな中に半ズボン姿の子供のような奴がおるわけでしょう。皆に「お前はなんだ」と聞かれたよ。合格したら、「なんで、お前みたいな子供が合格したのか」と嫌みを言われたよ。

菊池　そして新聞にも出たのでしょう。……今もそうかもしれないけれど、当時は公務員が安定した人気職種で難しかったのですね。……篠原さん（水道局での同僚）は、日本が敗戦して飛行機で台湾から日本に帰国する時、泣いたのでしょう。

和夫さん　篠原さんは台北の高等工専を卒業しています。彼のお父さんはカギラン（高義蘭）派出所の主監、私の父は副主監だった。主監は普通「部長」と呼ばれていた。

菊池　和夫さんのお父さんはいろいろな派出所に異動したのですね。正確に教えていただけますか。

和夫さん　父はまずヨウハブン（現、霞雲）で警丁だった。そこで勉強して試験を受けて合格し、角板山派出所の警員に昇格した。タイヤ（泰耶）派出所に異動してやはり警員、栄華派出所では主監となった。そして、カギラン（高義蘭）派出所では篠原さんのお父さんが主監、私の父が副主監。別に降格したわけではなく、大きな派出所で何十人も所員がいたし、そうした所では日本人が主監になった。次のマリコン（玉峰）派出所では私の父が主監となった。なぜかって、この派出所も大きくて日本人もいたけれども、日本が敗戦して日本人が帰国したからね。

ところが、水道局の篠原さんは「山の人」と縁があって、日本が戦争に負けた時も「帰らない」と言った。角板山を気に入っていた。それに対して奥さんは「日本に帰ろう、帰ろう」と言っていた。奥さんは「山の人」に対して「汚い蕃人」とか言って差別する人だった。篠原さんは日本人なのに「俺も蕃人。俺は日本に帰らん。蕃人と一緒に生活する」と言った。彼は漬けた少し臭い山の肉でも食べるよ。でも、奥さんの考えは違っていた。……結局、彼らは日本に帰った。私が日本行った時、奥さんもおったよ。「和夫さんですかね。大きくなったね」と。「かわいい子だったけど大きくなったね。あの当時、オシメしてたでしょう」、と少し「ボケ」ている。息子たちは高等工専を出てね。その頃、終戦でしょう。日本に帰国後、息子たちは設計士として働いた。

菊池　台北の高等工専を出た息子たちですね。

和夫さん　台北の高等工専。あれは、今は国立大学になっているよ。高等工専の学生は当時、三分の二以上が日本人、残り三分の一は台湾人だった。日本人だけでは足らず、台湾人でも優秀な人を入れたのでしょう。

菊池　客家、福建出身の本省人もいましたか。

和夫さん　いたよ。高等工専を出た人が設計士となって水道局で働いていた。篠原さんの同学だよ。

私は日本語ができるからね。……技術員は行政方面、業務方面をさせてもらえなかった。逆に外省人は技術方面、設計方面ができなかった。外省人は業務方面だけど、口だけだよ。何もできない。本省人と外省人は習慣が近いけれども、外省人は威張っていた。……戒厳令時代は日本語を話すことができない。禁じられていた。日本語を話しただけで怪しまれた。戒厳令が解除された後、外省人が来たら日本語で喋る。外省人は日本語が分からない。日本語で「支那人」、「チャンコロ、偉そうにするな」って言ってやった。私が水道局に勤めていた時、桃園と台北県の第二区水道局ね、その中で「山の人」は私一人だけだった。水道局の中で、私を直接知らない人は、台湾語で「ファラオン」（「蕃人の子供」）と呼んでいた。宴会なんかがあると、必ず私を呼ぶ。「山の人」の話は珍しいし、また私は低い地位でもないし……。今は本省人の方が外省人より差別的で、ひどいことを言うことがある。だって、私たちのことを「ファナン」（「蕃仔」と書き、「野蛮人」の意味）とか相変わらず言うでしょう。不愉快になる時がある。

菊池　水道局はどのくらいの組織ですか。

和夫さん　もの凄く大きいよ。当時、水道局には台湾全省で六〇〇〇人余いた。総公司は台中にあった。全部で一二区がある。桃園と台北の区は一緒。台湾全省の水道局に「山の人」が何人いたかは知らない。南部の方は知らないけれど、北部では私一人。郷公司なら私は正式な課長になれる。私は省待遇だから、でもその方が賃金が高い。

菊池　水道局の外省人は何割位いましたか。

和夫さん　技術部門にはいない。上の方、主監以上は外省人ばかりだった。……あの時代はやっぱり差別があった。人間というのはどうしようもないね。……ところで、今はコンピューターの時代でしょう。私はコンピューターができない。算盤ができる。当時、他に算盤ができる人はいなかった。私は商業学校を出ていないが、算盤がかなりできた。

菊池　大陸から来た人は算盤ができないのですか。

和夫さん　大陸のは大きな算盤でしょう。時間がかかる。日本式のは小型で速いよ。……今は計算だけではなく、文字もコンピューターで打つでしょう。キーを押すだけで文字に変えて印刷するでしょう。字が分からなくなる。公文書を書くこともできない。だから娘は大学卒でも、私の文章を見て「難しすぎて習ったことのない字が多い」、「お父さんの文章は公文書も申請書も何もかも手書きするから難しい」などと言うんだよ。

三　緑さんとの文通、そして結婚

菊池　緑さんとは文通で知り合ったのですよね。文通欄のようなものが、台湾の雑誌とかにも掲載されていたのですか。

和夫さん　私より六歳上の友だちが文通していた。その人に紹介された。日本人と文通していた。彼も雑誌で見つけたらしい。当時、若者は海外旅行を夢見ていたし、海外の人と「友だちになりたい。文通したい」と思っていた。……私が友だちの手紙の日本語を修正してあげたよ。

菊池　日本語を直してやったのですか。

和夫さん　うん。私も日本語がそれほどできるわけじゃないけどね。……そこで、友だちが私に「あなたも日本人と文通したら。日本語ができるし」、と。そこで、友だちのペンフレンドを通して紹介された。その後、友だちには手紙が来なくなったが、私には緑から手紙が来た。「私（緑さん）はインド人（インドネシア人）とも文通したけど、英語での文通は苦手です。ちょっと難しい。日本語ができる方なら文通しやすい」という内容だった。……私が返事を書くと、二通目の手紙が来た。「私は今、高校二年です。よろしくお願いします」と自己紹介をして、写真が同封されていた。黒いスカートで、白い上着を着た写真ね。あの頃、緑は太って丸々としていた。僕も兵隊服を着た写真を送った。「裕次郎」みたいに写っている格好いい写真も送った。……兵隊の服装で、帽子かぶってね。緑は、私を職業軍人と勘違いしたみたい。

菊池　日本には徴兵制がないから、一般の日本人には分からないでしょう。

和夫さん　そういう服装しているのは、日本では自衛隊でしょう。昔なら日本軍の軍人でしょう。緑から手紙の中に「あなたの仕事は何ですか。兵隊さんですか」と書いて寄こした。そこで、次の手紙で説明した。台湾では、成人になったら必ず軍事教育を受けなくてはならない。二年間の兵役義務がある。それが終われば、家に帰って仕事をする、と。……あっ思い出した。お互いに贈り物をした。初めての手紙の時、緑は日本人形を送ってくれた。和服を着た小さい人形だった。かわりに私は乾燥したパイナップルやバナナを送った。台湾のお菓子ですよ。

菊池　当時は、検疫の問題で送れないでしょう。乾燥していればいいのかな。

和夫さん　大丈夫。乾燥したパパイヤも送ったよ。緑も日本のお菓子を送ってくれたこともあった。

菊池　当時、台湾では、戒厳令下で海外文通は手紙を開封され、その内容を検閲されたり、厳しかったのではないですか。

和夫さん　そうね。台湾内の文通は関係ないけどね。ところが、外国との文通、特に日本との文通は警備員（警察所属か）に検査される。人の手紙を開けて見るでしょう。特に日本に送る手紙は必ず郵便局に常駐している警備員に、どのような内容か検査される。

菊池　日本から来た手紙はどうですか。

和夫さん　もちろん検査されると思うけど、よく分からない。台湾から送る手紙は必ず警察に検査された。国の秘密を書いているか必ず検査する。検査してから「これは危ない」とか「問題はない」とか判断する。私はそのことを知っていた。

菊池　では、文通の時、あんまり政治など難しい話を書けませんね。

和夫さん　そうそう、眼を付けられたらうるさい。「日本時代は私にとってよかった。今は日本時代より悪くなった」なんて書いたら大変だよ。「日本の帝国主義時代とは異なり、今の台湾はとっても自由、平和なところです」、そういう手紙を見たら、検査する人は喜ぶよ。検査されても、「これは問題ない」となる。

菊池　検査する人は日本語が読めるのですか。

和夫さん　当時、私は手紙を日本語で書いたけど、漢字が多いから大体分かるでしょう。……日本から来るいろいろな手紙はひらがなが多いね。漢字が少ない。日本からの手紙も漢字だと大体見て分かる。私は、文通しながら「日本語を習おう。日本語を勉強しよう」と思った。だから、最初は向こうと結婚しようとか、そうした意識はなかった。……各週末に手紙を書いていたけど、家に戻ると仕事が忙しいでしょう。それで、一年か二年位文通が切れた。……その後、私は家を建て終わったし、時間的に余裕ができた。そこで、手紙を再び書いてみようと思った。「久しぶりですね。二年間も文通が途切れましたけど、今はもう高校を卒業したでしょう。今は何していますか。また続けて文通したいけど、結婚しましたか」と聞いた。すぐ緑から返事が来たよ。「私、まだ未婚です。高校を卒業して社会人になって会社で働いています」、と。

菊池　緑さんはどういう会社で働いていたのですか。

和夫さん　機織りの会社ですよ。緑は高校を出てすぐ働いたのではなく、家政学院に入って二年間、お嫁に行く準備として編み物、花、お茶などを習った。そういう学校を出ている。そこを出た後、会社で働いた。……そうこうしている内に緑は二五歳になった。昔だったら、結婚してもいい年齢でしょう。そうしたら、向こうから手紙が来た。「もう、あなたも三〇歳だし、そろそろ結婚する年齢ではないですか。結婚する条件をどのように考えていますか」、と聞いて寄こした。……そこで、私の意向はこうこうで「家庭婦人を望んでいる」、と。

菊池　専業主婦ですね。

和夫さん　「では、あなたの結婚の条件は何ですか」と聞いた。そうしたら、緑から返事が来た。「私の条件は家にいること。私は小雨が降る天気が好き。雨が降ったら外に出ず、家にいてじっと家を守る」と書いてあった。緑はそういう旧い思想を持っていた。あの人の家庭は何というか、少し封建的なところがある。そういう家庭で育ったお嬢さん。岡山県の田舎だけど、お父さんは師範学校を出ている。お母さんも高校を出ている。みな高校以上出ているね。昔だから高校を出ている人は多くはない。それで、嫁に行く場合も、娘を遠いところには出さない。

菊池　当時、日本ではそういう考えも少なくなかったですからね。

和夫さん　岡山県外でも反対するくらい。義父さんは農業だけど、土地持ちでお金を持っている。田を貸し出した。義父さんはいつも算盤をはじいて、「学校の先生よりも、田を貸して利息（小作料）をとるのが一番いい」と言っていた。緑が小さい時、「あそこに利息もらいに行け」と言われたそうだ。

菊池　大きな農家で田を貸し出しているわけですね。結局、緑さんの兄弟で学校の教師になった人はいないのですか。

和夫さん　学校の先生は一人もいない。いわゆる財産家だよ。その後、あの土地はゴルフ場になった。お金は腐るほどですよ。もちろん、あの人の土地だけじゃなくて周りの人の土地を含めてゴルフ場になった。だから、もう会社に働きに行く必要もない。お金があるからね。貸した方が早い。

菊池　そしたら、義父さんは、緑さんが台湾に行くことに対して、どういう態度だったのですか。

和夫さん　義父さんはもちろん「絶対に反対」だ。……でも、手紙でお互いの条件を文通していた時には、義父さんはすでにこの世にいない。亡くなった。義父さんが生きていたら、手紙で「結婚を絶対に許さないぞ」と書いてくるでしょう。だから、義父さんは封建的で、あの厳しい旧い思想を持っていたから、生きていたら絶対結婚できなかったかもしれない。岡山県外だしね。

菊池　ましてや外国だしね。

和夫さん　当時は結婚相手を娘ではなく、父親が選ぶでしょう。緑はそうした考えを打ち破った。義母さんは少し開放的思想を持っていた。義母さんが「お嫁に行ったら、相手のお母さんが大事よ」って言ったそうだ。姑、つまり私の母の方が大事だよ、という意味だよ。それから、一年位話し合って結婚が決まった。緑は年齢が二五歳になったし、来た時は二六歳でしょう。だから、「私の家族は皆反対していますけど、私、説得する努力をします。私の行くところは、私が決めます。その気持ちは絶対に変わりません」と手紙を寄こした。緑はすごいよ。強いよ。誰が反対しても、私はそれを貫く、と。

菊池　そうですか。立派ですね。

和夫さん　それで、緑が来る前に家の片付けをした。結婚を決めてから一年後に来た。民国五七（一九六八）年に緑が来たでしょう。その日は私の誕生日だった。結婚に反対しているから、緑の家は一銭もくれない。会社で自分で働いてお金を貯めた。少しでも自分の小遣いでも持っていかないと心配だからね。あの時は、すごく飛行機代が高かったよ。

菊池　そうですね。一ドル三六〇円。

和夫さん　あの時、一人往復八〇〇〇元位。

菊池　台湾のお金で八〇〇〇元。

和夫さん　緑は、一回目に来た時（一九六八年）は、緑の姉の主人の妹と、安部先生と一緒に来たしね。それから二回目（一九六九年）は、緑の姉の主人と、安部先生と三人で来た。だから、私は往復切符を買ってあげた。

菊池　飛行機代、全員の往復切符を買ってあげたのですか。

和夫さん　そうよ。私が出したんだよ。お金がないから土地を売ったりしたよ。結婚した時、私の水道局の月給は二〇〇〇元位だったよ。だから、一人分の往復切符だけで四ヵ月分の月給だよ。三人が来たから、もう大変だよ。

菊池　義母さんは反対だったから、来なかったのですか。

和夫さん　あの時は、義母さんは反対していないよ。緑が「私、お嫁に行くからね」と言ったら、私の母を「大事にしなさいね」と言っていたのだから。だけど、緑の義兄（姉の夫）が反対だった。飛行機に乗ってからも、「結婚を止めなさい」、「台湾に着いたら、結婚を断りなさい」とずっと言っていたらしい。緑は「もう決まったこと」と答えたようだ。……ここにも来たよ。結婚式にも出たよ。最初は、横柄な態度だったよ。大変だったよ。私は緑から聞いて知っていたけど、知らない振りをしていた。

菊池　義兄さんはなぜ反対したのですか。

和夫さん　義兄が反対したのは、中国と台湾で戦争になったらどうするのか、と心配していた。まして遠いところだしね。義兄は断固として反対した。こっちに来てから、日本語が通じるし、不便な点も何もないし、私の母も日本語できるしね。義兄も考えを少し変えた。

菊池　だけど、義兄さんたちは角板山に入ってこれたのですか。

和夫さん　あの時はもう二回目なので申請し、許可を得ていた。

菊池　緑さんが来た時は安部先生という人と一緒でしょう。

和夫さん　そう。安部先生は黙って後ろからついてきた。暴風は二回目の時。だから、ここ（角板山）で結婚式をしたでしょう。大渓に行けない。道路が皆、崩れて、断絶して、バスも入れない。仕方がないので船で来たよ。船の上は沢山の木材を積んでいるでしょう。それで、危なくてね。途中で下船して下から歩いてきた。大変だったよ。私も迎えに行こうとしたが、間にあわなかった。道が断絶し、通れないでしょう。そうしたら、向こうは自分で来て大渓の旅館で宿泊して待っていた。そこで、私は母と一緒に大渓に迎えに行った。船に乗って、そこからまたバスで大渓の旅館に行った。

菊池　連絡はどのようにとったのですか。

和夫さん　あの時は、警察の電話を借りた。国際電話をかける時なんかは、わざわざ台北の郵便局に行ってかけるんだよ。……もうあの日が結婚式でしょう。招待の手紙を出したでしょう。だけど、これでもうお客さんは来られない。私の親戚も来られない。道が崩れ、交通が断絶している。大変だ。二五卓で二〇〇人位を予定していた。誰も来ることができない。……と思っていたら、かえって満員となった。ここの現地の人が赤紙（お祝い袋）を持ってみんな来た。日本からのお嫁さんを見に来たので、満員になったよ。もし天気がよかったら、足らないくらいだった。友だちや親戚で来れなかったのが沢山いる。彼らが来たら、足らないくらいであった。

菊池　その時は、安部先生も出席したんですよね。

和夫さん　安部先生も義兄さんも出席した。三人で来てね、私の家にその晩泊まってね、朝起きたら庭が崩れた。義兄さんは朝起きて驚き、「大変だ。日本人がこんな所に住めるのだろうか」、と。前に立てた鉄筋の柱も露出していてね。それで、義兄さんが嫌々ながら「今から土を運んで埋めよう。仕事しましょう」、と。私だって、大きな暴風、水害に本当にびっくりしたよ。その後で私の弟と一緒に後ろから土を運んで、しっかり埋めたよ。……この前は崖だった。下から土を運んで、もう崩れないように、相当丈夫に作っている。そして、その後、駐車場にした。今では、ここは角板山でも便利な場所になった。

菊池　崖を鉄筋と埋め立てで駐車場にして危なくないのですか。

和夫さん　大丈夫だよ。それ以降、崩れたことはないし……。しかし、あの時は大変だったよ。

菊池　ところで何度も名前が出てくる安部先生とはどんな人ですか。緑さんとはどういう関係ですか。

和夫さん　安部先生は、以前、満洲にいた人で、学校の先生になった人だよ。緑には姉がいるでしょう。安部先生はその主治医の姉さんですよ。安部先生には子供はいないよ。ただし安部先生の弟は日本の兵隊（軍医か）となって満洲に派遣されたそうだ。安部先生は満洲で学校の先生をやっていた。……日本人はいろいろ理屈をつけるけど、「満洲国」はやはり日本が中国から盗った国でしょう。

菊池　そうですね。はっきり言えば、そうとも言えるでしょう。

和夫さん　そうでしょう。だから、あそこから来た人は皆、日本語ができる。……緑と文通していた時、私は自分がタイヤル族だということを隠していない。向こうは、「タイヤル族」と言われても何か分からないでしょう。同じ人間なんだしね。そういうことは、あんまり考えない。……私は国家公務員ですよ。だから、緑も生活は安定してると安心してね。その上、中学校も国民学校もこの付近にある。郵便局も近くにある。電信局も近くにある。そして、平地からも近いところ、「そんなに不便なところではない」、そう思って緑は喜んだ。

菊池　でも、当時は不便だったんではないですか。

和夫さん　結婚した当時はもう不便じゃないよ。バスもなにもかもある。私が十数歳だった頃とは違う。だから、子供ができたら、通える中学校もある。……不便なところだったら、大変だと思ったのでしょう。その上、私は一応、公務員だからね。……緑は「私の理想に近い」と言ったよ。……緑はいい女ね。これはもう、皆がびっくりするくらい強いね。日本の田舎から台湾に来る。勇気がある。家族はみんな反対していても、強い気持ち、強い意志があったんだね。だから、緑は「台湾で、私は努力してみせる」と言い切ったよ。後で、緑は「姉さんたちはお金は腐るほどあるのに、どこも行っていない、外国にも行ったことない。いつも家の周りばかり。大きい姉さんも、二番目の姉さんもいいところにお嫁に行ったけど、留守番ばかりしているうちに、（義姉たちの）夫は亡くなってしまった。外国も見たことない。私は外国に行った。アメリカにも、他にも旅行に沢山行った。「私は二人の姉さんと比べてみたら幸せだ」、と。これは本当のことですよ。義姉さんたちは旅行に行かないんだな。東京にもあんまり行かないそうだ。それに、緑はここで困った生活をしていない。

菊池　ところで、台湾の場合、政権が次々と代わりましたが、和夫さんの父親はそのことについて、どのような考えを持っていたのですか。

和夫さん　私の父は「時代が変わった」、「時代に乗る」、「政治の話はしない」、「政権が代わったのだからそれに適応する」。新しい政権を認めるということだ。父は、「余計なことは言うな」と私に言っていた(1)。

【註】

(1)『台湾原住民史―泰雅族篇―』(国史館台湾文献館、二〇〇二年、一六五頁)によれば、和夫(陳振和)の父で新竹州角板山青年会分班長である泉民雄は一九三五年に「我々青年の使命」という文章の中で、「我々は日本国民の最高栄誉である兵役義務、納税義務、教育義務を完全には果たしていないので、堂々たる国民とはいえない」と書いている。陳振和(和夫)によれば、泉民雄は日本統治時期も中華民国時期も頭脳明晰で、努力を怠らなかった結果、「警察主監」であった。つまり政権が代わっても努力し、能力さえあれば、国家に同化する上で矛盾はないと考えているようである、とする。

第三章

緑さんの生き方

父母、戒厳令下の台湾、「和夫」さん、義父母、娘のこと

はしがき

このインタビューは集中的に一定時間おこなったものではない。お会いして時間に余裕がある時、中壢駅まで迎えに来てくれて、バスや自動車に一緒に乗っている時、また、電話などでも質問し、事実を確認して、その都度、手帳やノートに書き留めた。主に二〇一〇年三月二二日、二〇一一年三月二五日、二〇一二年三月二七日、二〇一五年三月二二日等々である。

緑さんは自分のことを「緑は……」と言う時もある。このように、天真爛漫で無邪気な感じもする。こうした性格はどのようにして形成されたのか。また、台湾タイヤル族である和夫さんとの当時珍しい国際結婚という大事での決断力、勇敢さはどのようにして育まれたのか。あるいは天性のものなのか。こうした開放的な性格が育まれた背景を、彼女の父母、生活環境、生い立ち、および当時の日本の環境から探ってみたい。また、結婚した台湾はどのような政治状況にあったのか。異文化摩擦を乗り越え、もしくは順応し、朗らか、かつ強く生きている。和夫さんに対する信頼、義父母に対する敬愛なども見て取れる。彼女は極めて率直に語っており、その言葉から多くのことを考えさせられるし、当時の日本や台湾の政治状況、歴史もビビッドに理解できよう。

一　緑さん自身と両親など家族に関して

私の実家は、赤磐郡（現在の岡山県赤磐市赤坂）の佐々木家という地主で、名門とされていた。代々女系家族で、父は三代目か四代目の養子です。母の姉は洋裁・和裁学校の教師で、また琴や三味線の習い事をしていた。母の兄弟姉妹の三家族が岡山の家に疎開していた。

父は厳格な人だった。大阪の師範学校（平野師範学校だったようだ。現、大阪教育大学）を出て、何年か小学校の教師をしていた。父は、子供にはお金を持たせないという教育方針であった。だから欲しいものがある時は父に言って買ってもらった。父は潔癖性で、背広などもびしっと着て、靴の汚れもなくぴかぴかにしていた。「小学校教師は薄給だ」と言って商売もしていた。父の姓名は佐々木鐘美といって「カネタマル」という屋号を持つ喜久屋という雑貨・衣類販売の外、金融業をしていた。利子として野菜とかを持ってくる者もいた。ある者は鍋で米を炊くが、朝食を作った後、その鍋を質入れして金を借り、日雇いで働いて夕方になると、それを請け出しに来た。それほど日本国中が貧乏であった。

写真17　岡山の母と姉。真中にいるのが子供時代の緑さん（緑さん提供写真）

父は家の中で主に働き、母が家事の外、家で働く人々などの世話をしていた。私は父が四二歳の時の子供だったので、とりわけ可愛いがられた。ただし利子などをもらいに行く手伝いなどもさせられた。父は経済観念を重視しており、私に「算盤や算数などをしっかり勉強するように」と言った。食糧難だったので父母も姉妹も一家総出で畑に薩摩芋を植え、収穫した。沢山採れたよ。芋を保存し、古い方の芋から、例えば、昨年収穫したものから食べていた。自分の住んでいた所は岡山県の田舎だけれども、もっと田舎に疎開した。父だけ残って仕事をしていた。私が中学一年生の時、父が「疲れた」と言っていたと思ったら、若くして急死（心不全だろうか）してしまった。

兄の下に三姉妹で、もう一人兄がいたが、幼いころ死んだ。また、一番上の兄は高卒で働いていたが、二三歳くらいで死去した。こうして、三姉妹のようになってしまった。一番上の姉は結婚のための習い事をし、二番目の姉は容姿端麗だったので、デパートなどでファッションモデルなどをしていた（写真17）。

母は琴が上手だったが、立てかけてある琴を触ろうとすると、子供だったから怒られて弾かせてもらえなかった。結局のところ琴を習うことはできなかった。ただ自分は行動的な性格だったので、バレエを習った。バレーボールじゃないよ。ダンスのバレエだよ。それを四、五、六年生の時、習った。ピアノなども習った。私は体が小さいけれども、体育の授業では、跳び箱、マット、平均台なども得意だった。体を動かすこと、スポーツが好きだった。

和夫とは文通で知りあった。当時、ペンパルズクラブというのがあって海外のペンフレンドを紹介していた。皆、アメリカ人やイギリス人との文通を望んだが、私はスカルノのインドネシアに興味があり、インドネシア人と英語で文通した。インドネシアから来た手紙は今でも沢山残っているよ。和夫とは、ペンパルズクラブの紹介ではなく、友だちの紹介で文通を始めた。

姉妹のうち会社で働いたのは私だけで、親類の紹介だった。九州などからの集団就職の中学卒社員が多かったので、私は現場で頼りにされるお姉さんのような存在で、指導者の役割を果たした。スクール・タイガー児島という男子学生服を製造する大きな会社だった。正確には分からないが、社員も一〇〇～二〇〇人はいた。男子学生服の後はジーンズなども生産した。岡山県の児玉にあった。今は倉敷市の会社に吸収されている。私は自動車の免許を持っていたので重宝され、荷物の搬送などをやった。当時、免許を持っている人が少なかったからね。ただ無免許で運転している人も多く、警察もそれほどうるさくなかったよ。海の近くに会社があったため、休日などにはよく泳ぎに行った。

母は父の女性問題で苦労していたらしく、自分は幼くてよく分からなかったが、よく口げんかしていた。母は私が和夫と結婚する時、台湾人とかそういう問題ではなく、女で問題を起こす人か否かを心配していた。当時、国際結婚などは珍しい時代で、友だちからは「気を付けなさい」と言われた。私の信念は「本人の意思が最も重要」であり、「失敗したらやり直せばよい」と考えていた。当時は、お節介な人が多く、見合いとか沢山あり、また職場結婚も多かった。私はこうした日本に嫌気がさした。

私は決めるまでは少し時間がかかるが、一旦決めたら、とことんやるタイプで、自立心がある。失敗を恐れないという性格で、人に迷惑をかけなければよいという考えで、独立独歩です。父に早くに死なれたことと、姉とは年齢が離れていたことが関係していると思う。その上、チャレンジ精神旺盛、好奇心旺盛でしょう。和夫と結婚する時、母は賛成してくれた。でも周りの人々から「父がもし生きていれば、猛反対しただろう」と言われた。私もそう思った。

二　結婚当初と戒厳令下の台湾政治状況

もう台湾に住んで半世紀が過ぎた。……結婚前、和夫とは私が二五歳までの一〇年間、文通していた。その時の手紙は山のようにある。まだ捨てていないよ。段ボールに入れて、家のどこかにある。手紙も郵便局で開封されて見られている。だから手紙の中で政治問題には触れない。……私が台湾に来た時、全く言葉はできなかった。それでもしばらくすると、片ことの北京語が話せるようになった。

結婚した頃、台湾は戒厳令下で、本当に大変だった。「壁に耳あり」という感じで、下手なことは話せない状況だったよ。台湾の政情は極めて厳しく、国民党政権を批判したり、不満をもらしたりすると大変なことになる。実際に口をすべらした人がおり、その晩、憲兵がやって来てどこかに連れ去ってしまった。帰って来ない人も沢山いた。幸いにして帰って来た人は頭がおかしくなっていた。密告すると、報奨金がもらえた。国民党に頼まれたり、アルバイト気分で密告する人までいた。それも、あること、ないこと密告され、捕まった人も何人かいたよ。結婚後も家に何度も警察が巡回に来た。ただ和夫は水道局の公務員なので、外省人の知り合いも多く、性格も皆、知っていたので、密告されなかった。だけど、思い出すだけで、恐ろしい時代だった。結婚した頃、台湾は本当に怖い時代だった。

戦後、「高砂族」（台湾原住民）の人と結婚したのは日本人で私が初めてだったようで、注目された。結婚式の時、三民村の辺りで一般の自動車はストップされ、講談社の社員や週刊誌『女性自身』の記者が外交部の準備した自動車に乗り換えて家の前までやって来た。そして、私たちを待っていた。家の前にはタバコが山のように散らばっていた。当時、警察はどんなことでも調べる。出版社の人や記者に下手なことを話せば問題となる。また、密告も怖かった。そうした意味からもインタビューには簡単に応じられなかったのよ。そういう時代だった。……情報員に嫌がらせされないように、彼が欲しがっていた日本製の小型テープレコーダーをプレゼントしたことがある。ポケットに入る。当時、台湾にはそうしたものがなかったので喜ばれた。日本製は喜ばれたのよ。でも、言われてプレゼントしたけど、情報の仕事で使うのでしょう。あまりいい気持ちはしなかったよ。

結婚後、角板山で私は子供ができる前、家族（義母、和夫、自分）の食事を三人分作った。けれども朝から頻繁に、近くの人が二、三人訪ねてくる。和夫は私を見に来ると言うが、毎回、余分に食事を作り、出さなくてはならなかった。……台湾の人たちは飲んだり、食べたりすることに大変なお金を使う。それを全部合わせると巨額になり、簡単に高速道路ができてしまうほどと言われていた。

結婚した後、日本人の奥さんたちと付きあった。彼女たちは本省人と結婚していて、私より年上の人が多かった。私が二五歳くらいで一番若かったので、可愛がってもらった。いろいろ教えてくれた。日本語で会話できたので気楽であった。だけど、子供ができた後は次第に疎遠になった。

和夫は日本人の会社経営者や会社員などと知り合いが多く、彼らを山によく連れて行った。テントなんて張らないで、そのまま野宿した。山で採った物を、その場で料理してね。日本人は喜んでいたよ。……山に行く時は、青酸カリを持ってね。「青酸カリなんて持ってて大丈夫なのか」って？当時は、青酸カリは台湾ですぐに手に入り、珍しくなかったよ。青酸カリは魚を捕る時に使う。渓谷の上流で青酸カリを流すと、イワナなどが食べきれないくらい捕れた。余ったイワナは塩漬けにした。「青酸カリで死んだイワナを食べて大丈夫か」って？　大丈夫よ。すぐにエラの部分を切り取ればいいのよ(1)。

ある日、山に日本人を連れて行って、その一人が「台湾まむし」(ハブのことか)に手を咬まれた。主人はすぐにナイフで咬まれた所を切って、血を出し、紐で縛った。山の上だから救急車がなかなか来なかった。やっと来て、その人は大丈夫だった。蛇に咬まれて死ぬ人もいるからね。その日本人がね、前に別の蛇だけどビール瓶に入れて遊んでいたから、「神様はいるものだ、罰が当たった」と思ったよ。

それから、以前、菊池さんは「異文化摩擦」について質問したでしょう。これが「異文化摩擦」と言えるかどうか分からないけど、山には、都会に憧れて台北などの飲み屋、風俗などに誘いあって働きに行く若い娘が多いのに驚いたよ。また、開放的で、男女双方とも結婚しているのに公然と関係を持つので不謹慎と思った。

三　義父母(和夫さんの父母)と娘について

義父の泉民雄は台湾一中(今の建国中学)に入学した。そして、日本人と一緒に勉強した。警察署長であった。当時、警察は良い職業だった。ただ、転勤が多かった。その後、新竹州の参議員（後の県会議員に相当）、財政課長などの要職に就いたけど、体をこわして四四歳で死去した。大変優秀な方で、日本語も上手だった。ただ酔うと、「角が二本出て」（悪酔いして）怖かったそうよ。実名はプナ・アムイというが、日本名「泉さん」と呼ばれて皆に慕われていた。……残念ながら私は会ったことがない(2)。

兄弟姉妹の中で、主人（和夫）が最も学歴がない。主人は優秀な人が進学する新竹中学に入った。ただ、義父が死んだことで、おそらく正式に卒業していない。和夫ら新竹中学生は寮に入った。烏来の「山田」さんも新竹中学生で、当時、二八歳くらいだった。「山田」さんは高砂義勇隊に参加しているので、和夫と相談して菊池さんに紹介しようと思っていたのだけれど、二〇〇九年に亡くなっていた。このように、中学生と言っても、年齢はまちまちで、和夫は就学年齢で入学、入寮したので、最も若かった。皆から見れば、子供だった。そこで、食べ物を取られたり、和夫はいじめられた。民族差別ではないよ、子供だからよ。台湾人と「高砂族」は別の部屋であった。

義父が死ぬと、すぐに官舎を追い出された。それで致し方なく、雨漏りのする、下が土のままの小屋に引っ越した。そこから少し登る山の中にはお宮があったが、当時は道もなかった。兄弟姉妹が多かったから、主人が一番端のひどい場所に寝た。土の上に藁を敷いて寝た。主人は中学を退学した。国家試験はいろいろな年齢の人が受験し、倍率は高く難しい。主人は一七歳で国家試験に合格した。こうして、公務員に採用され、水道局に配置された。菊池さんが泊まった家が、その跡に建てられたのよ。修理し、雨よけし、煉瓦にし、今は三階建てのコンクリートの家になっている。家の前はバスセンターとなり、便利で、角板山でも一番いい場所の一つとなった。「買いたい」という人は沢山いる。でも主人は売りたくない。なぜなら、思い出の一杯つまった場所だから……。

義母は本名が「ピスイ・ワタン」で、三八歳で未亡人となって大変苦労した。八人の子供がいる。義姉は新竹女子中学に通っていた。一番下の子供は三ヵ月、その上が二歳という具合であった。義母は飲まず食わずで働いた。水田はあったが、子供が小さく、農作業ができない。義母は無学であった。だけど、子供を育てるために必死で働いた。普通の人に真似のできることではない。山で木の枝を採り、薪として売る。豚を育てて売る。薩摩芋を栽培して売る。それを学資とした。子供には医者もいる。公務員もいる。そうして、八人もの子供を育てた。それで、七十数歳の時、桃園県の「模範母親」として、賞状と賞金三〇〇〇台湾元を受けた。これは、なかなか貰えるものではないのよ。そして、七〇歳代後半で死んだ。

「義母さんとトラブルはあったか」って、そんなことまで話さなくてはならないの。菊池さんは「異文化摩擦」とか言うけれど、そんなのなかったよ。義母は気が強かった。はっきりと物を言う人だった。だから、一般的な「嫁・姑」との関係ではぶつかったよ。でもね、ああいう環境で、八人もの子供を育てるには気が強くなくては無理でしょう。……義母は男の孫を欲しがった。二人目は男の子と思っていたけど、娘だった。こればかりは致し方ない。二人とも娘で十分。……戦争に負けて、日本人が帰国する時、鏡やタンスを持って行けないで、残すでしょう。日本人は義母にそれらをくれた。立派な鏡だよ。義母はそれを私にプレゼントしてくれた。料理を教えてくれた。何種類の餅の作り方も教えてくれた。いろいろ教えてくれたよ。すばらしい人だった。私は義母さんから勇気をもらった。だから私も三〇歳代で日立系の工場で働き始めた。生活のためだけではないよ。

こうして、私は二〇年間、日立と提携する工場で働いた。工場の社長は台湾人で、一〇〇人くらい労働者がいて、私が班長だった。多くは台湾人だが、フィリピン人、インドネシア人もいた。各種のスピーカーを専門に製造する工場であった。三交代制で、午前八時から午後五時、午後五時から夜一二時、夜一二時から朝八時で、工場はフル回転していた。私は午前八時から午後五時までの勤務だった。夫婦で交代で、例えば、午前八時から午後五時、午後五時から夜一二時まで働くと、二倍の給料になった。「どうして同じ時間で働かないのか」というと、夫婦の場合、子育ての関係で組み合わせた方が便利でしょう。フィリピン人、インドネシア人は賃金をもらうと、お酒とかで使ってしまい、あまり貯金とかしなかったみたい。それに彼らが台湾で問題を起こすと、警察が来て困るでしょう。だから、管理とまではいかないけれど、ある程度、注意していた。よく日本から お客さん、例えば、日立や関連企業の社員などが来たから私が通訳したり、案内することも多かった。日本の景気が悪くなって、私の工場は（中国）大陸に安い労賃を求めて進出した結果、台湾の工場は閉鎖されてしまった。そこで、私は二〇年間も勤めた会社を辞めた。
私が日本国籍なので、長女も日本国籍よ。その方が便利。長女はどうしても日本の大学に行きたがった。日本語学校に通った後、神奈川の大学に進学した。そこで、日本語、英語を学び、日本語の一級免許を取得した。そこを卒業後、最初、建設業界に就職した。その後、台湾で結婚し、現在は航空関連の食品会社、主に日本航空の機内食などを担当して働いている。頑張ってるよ。

【註】

（1）青酸カリではないが、こうした毒を流して河魚を捕るという漁法はタイヤル族にとって伝統的なものだったようだ。角板山の雲峯が執筆した「毒流し」という記事を要約すれば、以下の通り。今日は「帰順蕃」が河に毒を流して魚を捕るという。着飾った老幼男女が三〇〇人ばかり集まり、「土目」（頭目）が指図し、それぞれが思い思いに槍、手綱、鍋、および袋に入れた米、塩などを持っている。大嵙崁渓の上流で、幅二丁位で、両岸には奇岩が起伏し、河は浅く、水は清冽である。鮎などが夥しくいるという。漁場は約一里と定められた。最上流で若者が一四、五人が毒を流している。毒は野生の藤に似た植物で、この幹や根を石で潰すと白い毒液が出る。これを大量に飲むと人間でも死ぬという。下手は五〇〇人余になった。鮎や鯉などが酔った如く流れてくる。それを次々と籠に投げ込む。午後二時頃、各部落毎にグループに分かれて集まり、蕃丁らが一段高いところに茅などで即製の小屋を造ると、「土目」とその家族が入る。彼らは魚を取り出し、小さな蕃刀で「腸綿《はらわた》」を取り除き、塩漬けにする。他方で鍋で飯を炊く。子供は騒ぎ回る。ロボー（タイヤル族が口で弾く楽器）の音が「ビンビン」、「ブンブン」と響いてくる。彼らは鍋を囲み、手づかみで頬張り始める。その後、全体の獲物を各「土目」、副「土目」が各戸の人数に応じて分配する。一人平均五、六キロにはなるだろう（雲峯〈角板山〉「毒流し」『台湾日日新報』一九一〇年七月一七日）。

（2）和夫さんの父、「泉民雄」（中国名は陳祥隆）氏は新竹州警所部長（現在の派出所長）を経て新竹州官派参議員（現在の県会議員）に選出された。その後、復興郷供銷（購買・販売）会経理、郷公所建設・財務課長などを歴任したが、一九五五年死去、四四歳であった（緑さんからの提供資料）。

第二部　角板山タイヤル族に対するインタビュー

「白色テロ」などを中心に

【解題】「白色テロ」について

国民党政権による台湾民衆弾圧事件である二二八事件の調査、解明、研究はかなりの進展を見せており[1]、一九六六年には旧台北新公園がすでに二二八和平公園と改名された。周知の如く、公園内には二二八記念館も創設され、国民党政権によって虐殺された人々の顔写真と略歴、手紙、遺書、遺品、当時の新聞や写真、事件の経過と結果、および陳儀の放送等々が展示され、極めて充実した内容となっている。にもかかわらず、二二八事件に続く一九五〇年代「白色テロ」に関しては本格的な調査は遅れ、解明すべき問題が山積している[2]。いわんや原住民に対する「白色テロ」は不明点があまりに多い。

ここでは、まず「白色テロ」について、その背景、実態などを説明しておきたい。

一九五〇年代「白色テロ」の前兆は二二八事件を経て四八年頃からあるが、本格化するのは五〇年六月朝鮮戦争の勃発以降で、アメリカの反共戦略に増長された「反共テロ」の形態をとることになる。周知の通り、四九年一〇月、国民政府は中国大陸に完全に基盤を失い、台湾に敗退している。

こうした背景下で、国民政府は一方で「光復大陸」や「反攻大陸」などのスローガンを声高らかに唱えながら、実質的にその実現は不可能であった。そこで、他方で台湾で国民党一党独裁の長期政権を維持するために、共産主義者、民主派、反対者、独立派、および統治の障害となる可能性のある者などに対して、長期にわたる広範囲で徹底的な無差別粛清を実施したのである。二二八事件に驚き、かつ大陸で完全に自信を喪失し、民衆不信に陥った弱体な国民党政権が、民衆などを力で押さえ込もうとしたといえる。これが、いわゆる五〇年代「白色テロ」である。この恐怖政策により、町中に宣伝スローガンが満ちあふれた。例えば、映画館では上映前に「匪（中共）と通じる者は死」、「匪諜（中共特務）はあなたの身辺にいる」などの文字が映し出された。さらに、駅などには銃殺された「匪諜」の姓名、年齢、原籍等が絶えず貼り出された。

「白色テロ」の執行機関は警察、憲兵、特務などで、官憲という立場を悪用し、法定手続を無視した。例えば逮捕令状を示さず、尋問時間に制限はなく、各地の秘密監獄に拘禁した。その対象範囲は教育や文化に携わる者、公務員、軍関係者、少数民族、華僑など各界に及んだ。軍事法廷では起訴状も弁護士もなく、傍聴者もいず、上告もできなかった。五〇年代中期になって軍事法廷もやや改善されたが、当時の雰囲気から一般弁護士は弁護を忌避した。幸いにも死刑を免れた者は国防部軍人監獄に送られるが、その分支機構で最も著名なのが集中営方式を採る「緑島新生訓導処」である（筆者は一九九九年、緑島を訪れたことがあるが、海が荒く、逃亡不能な絶海の孤島である）。統計数字は不完全で種々あるが、全台湾で五〇年代の五年間で少なくとも三〇〇〇人から五〇〇〇人が殺害され、八〇〇〇人以上が懲役一〇年から無期・終身刑で投獄されたという[3]。かくして「共匪予防」などの名目で、多くの冤罪案件を発生させた。

結局、この時期の白色テロの特徴は、林書揚によれば、①政治、経済、社会、文化、精神生活までを全面統制した点、②軍統（「藍衣社」）、中統（「C・C」系）などの特務機構に相互に監視競争をおこなわせた点、③軍も例外とされず、総司令部は「戦時軍律」を運用して軍内部の「不穏分子」を処断した点、④重層的な情報治安・特務系統は「動員戡乱時期国家安全会議」に原則的に帰属していたが、その全指揮権は蔣介石個人にあった点などにあるという[4]。民政・警政方面では警民協会、民衆服務站が設立され、民衆同士の相互監視もおこなわれ、社会基層レベルから統制が強化された。

では、林昭明事件はどのような位置にあるのか。重大案件は(1)「中共中央社会部台湾工作站案」、(2)「ソ連国家政治保安部潜台間諜案」、(3)「台湾省工作委員会組織案」の三本柱である。林昭明案件は(3)に連動した形で処理された。(3)の主な案件は①「基隆中学『光明報』案」、②「高雄工作委員会案」、③「台湾省工作委員会案」、④「台北市工作委員会案」、⑤「台湾郵電総支部案」、⑥「台中地区工作委員会案」、⑦「台湾民主自治同盟中部武装組織案」、⑧「台湾民主自治同盟台中地区組織案」、そして林昭明関係の⑨「山地工作委員会案」である[5]。

ここでは、林昭明の連座した「山地工作委員会案」（五〇年四月二五日）に焦点を絞って見ておきたい。「山地工作委員会」は「台湾省工作委員会」の下部組織であった。すなわち、まず中共中央の命を受け台湾に戻った中共党員蔡孝乾により台湾省工作委員会が設立された。これは「愛国愛郷民主自治統一戦線」の広範な組織化のために「高山族工作強化」を重点工作の一つに掲げ、「高山族同胞と台湾同胞との連合共同闘争」を目指した。その基本政策は、⑴「高山族」の自治自衛運動を発起し、その民族解放を完成させる。⑵「高山族」の自治と自衛を、台湾人民の「国民党反対」、「アメリカ帝国主義反対」の闘争と密接に呼応させる。具体的工作としては、①「高山族」の頭目、郷長、村長の獲得、②「高山族」の知識分子、とりわけ郷公所の合作社職員、学校教員、警察所警員、郷民代表等の獲得、および③山地で工作中の「平地人」を獲得し、同時に彼らを通して山地郷政機構を勝ち取ることであった。これを実現するために、四九年一〇月、全台湾的な「山地工作委員会」(書記は日本植民地時代の農民運動指導者で元台湾共産党員の簡吉)が設立されたという。外郭団体は「高山族」の(イ)「蓬萊民族解放委員会」(旧称「高砂族自治委員会」。主席兼政治工作責任者は林昭明の伯父林瑞昌〈ロシン・ワタン〉であり、委員湯守仁が軍事工作責任者)と(ロ)「蓬萊民族自救闘争青年同盟」であるとされた。結局、五〇年四月二五日の簡吉逮捕から七月一〇日までに次々と逮捕され、五二年八月一六日には林昭明が保密局から「匪諜嫌疑」をかけられ、桃園県警察局に秘密逮捕されるに至った。この「山地工作委員会案」で処刑された者は簡吉(四八歳)、林瑞昌(五四歳)、自首した湯守仁(二一歳)ら一六人に及んだ。[6] このように、「蓬萊民族解放委員会」と「蓬萊民族自救闘争青年同盟」は中共系の「山地工作委員会」の外郭団体とされて厳しい判決が下った。だが、林昭明自身が本回憶で明確に否定している通り、接触はあったものの、前二者は中共とは無関係な独立組織であった可能性が高い。

一応、政治犯の釈放状況とその後の状況を見ておくと、一九七二年「建国六〇周年祭典」の際に「恩典」で第一次釈放があったが、数千名の政治犯の中で僅かに数十名であった。第二次は七五年蔣介石の死去の際、減刑されて数百名が釈放された。このように、五〇年「懲治叛乱案条例」発布以来、二回の特赦があった。八四年一二月、五〇年代白色テロ関係で終身刑に服役していた最後の二人が、実に三四年七ヵ月ぶりに釈放されている。このように、八四年段階で政治犯釈放問題については一応の終止符を打った。八八年「台湾地区政治受難人互助会」（以下、受難人互助会）が設立され、「中国統一の促進、台湾自治、民主自由の実現」を提起した。これを契機に政治犯団体も次々と組織化され、かつ政治犯は各種団体、社会運動、労働運動などにも参加し始め、同時に座談会や雑誌で「五〇年代白色テロの真相」を発表し始めた。九三年五月、台北六張犁公墓で五〇年代「白色テロ」の受難者二〇〇墓（その後、一〇〇〇墓以上）が発見された。受難人互助会はすぐに「白色テロに歴史教訓を学び、白色テロを再現させない」という声明を発するとともに、国民政府当局に政治案件処理檔案、処刑記録、埋葬地点などの公開、および冤罪などへの救済と賠償を要求した。九七年三月、各党派立法委員八人の提案で、政治犯への救済と補償を盛り込んだ「戒厳時期不当政治審判補償条例草案」が提起され、九八年一月に立法院国防連席会議で補償範囲を狭める形で修正採択され、五月に行政院を通過している(7)。

こうした流れを受けて、台北地区だけで限界があるとはいえ、台北市文献会『五〇年代白色恐怖—台北地区案件調査与研究—』(九八年四月)も出版されている。「市長序」では、国民政府が今も調査や慰撫の計画もないことから座視できず、将来のために台北市政府は真相究明を進めたとする。また、同書の「主任委員序」は、二二八事件、「白色テロ」は文化衝突から生じたとの見解をとり、「腐敗官僚文化」は大陸で唾棄され、台湾にも入り込めず、恐怖政策を採用したとする。なお、総統李登輝は人権重視の視点から緑島に「白色テロ受害者」の碑を建てることに賛同した(8)。また、緑島の元政治犯監獄(現在、「緑洲山荘」という)を一般刑事犯監獄に単に改造するのではなく、「白色テロ」の教訓を風化させないためにも保存すべきだとの声もあがっている。このように台湾の政治環境は急展開を見せつつあり、人権重視の流れを伏線とし、「白色テロ」に関しても本格的な真相解明、賠償問題が急浮上している。

【註】

(1) 二二八事件に関しては、すでに政治的タブーではなくなり、①陳芳明『二二八事件学術論文集』前衛出

版社、一九八八年、②陳木杉『二二八真相探討』博遠出版有限公司、一九九〇年、③二二八民間研究小組、台美文化交流基金会等『二二八学術研討会論文集』一九九二年、④陳興唐主編『南京第二歴史檔案館所蔵・台湾「二・二八」事件檔案史料』上・下巻、人間出版社、一九九二年、⑤楊碧川『二・二八探索』克寧出版社、一九九三年、⑥頼澤涵、馬若孟、魏萼『悲劇性的開端―台湾二二八事件―』時報文化企業有限公司、一九九三年、⑦中央研究院近代史研究所『口述歴史―二二八事件専号―』第四期、一九九三年二月、⑧行政院研究二二八事件小組（総主筆頼澤涵）『二二八事件研究報告』時報文化出版企業公司、一九九四年、⑨侯坤宏編『国史館蔵二二八檔案史料』上・中・下巻、一九九七年、⑩中央研究院近代史研究所『二二八事件資料選輯』（一）〜（六）、一九九二〜九七年等々、論文、資料・檔案、回憶、聞き取りなどが一九九〇年前後から飛躍的に増大し、研究も深化している。

（2）二二八事件に比して一九五〇年代「白色テロ」はあまり言及されず、特に日本では全くといっていいほど知られていない。その研究は極めて遅れており、台湾では、やっと聞き取り作業が進められ、一部で言及され始めた。ただし、本省人の被害状況に対して、原住民の被害実態等々は不明点があまりに多い。単に二二八事件の延長線上にあると考える向きもある。原住民を除いて、五〇年代「白色テロ」の全貌、実態、本質を明らかにすることはできないであろう。なお、中央研究院台湾史研究所には『白色恐怖秘密檔案』があるが、これは五〇年代「白色テロ」にはほとんど触れていない。その他、民族研究所には『白色恐怖終局檔案』が所蔵されていることになっているが、誰かが借り出しているのか所在不明であった。

（3）藍博洲『白色恐怖』揚智文化事業股份有限公司、一九九三年、二一、四八頁など参照。

（4）林書揚『従二・二八到五〇年代白色恐怖』時報文化、一九九二年、一三一〜一三二頁。

（5）藍博洲、前掲書、四九〜七九頁参照。

(6) 藍博洲、同前、七九〜八三頁参照。

(7) 呉澍培「白色恐怖下之台湾政治犯」、済州島四・三研究所主管『二一世紀東ＡＳＩＡ平和와人権―済州四・三第五〇週年記念国際学術大会―』一九九八年八月など参照。

(8) 台北市文献会(台北市政府委託・台北民衆史工作室受託)『五〇年代白色恐怖―台北地区案件調査与研究―』(一九九八年四月)所収の「市長序」、「主任委員(李逸洋)序」など。

【証言1】ワタン・タンガ（林昭明）による回憶

一九九五年三月二三日、林昭明氏（**写真18**）がワープロ印刷の中国語による回憶を提供してくれたので、以下にこれを掲載する。読めば分かる通り、タイヤル族から見た「白色テロ」を中心に極めて重要、かつ興味深い内容となっている。「台湾省工作委員会」や「山地工作委員会」などに比してほとんど実体が分かっていない「蓬萊民族解放委員会」や「蓬萊民族自救闘争青年同盟」を知る上でも貴重な資料といえよう。

回憶について説明不十分と考える点、日本人に分かりにくい点などを再度質問し、林昭明氏本人に加筆、修正していただいた。なお、筆者が日本語訳、註釈を加えた。林昭明氏は「高砂族」、「原住民」、「少数民族」、「山の人」など多様な使い方をしているが、これも彼の気持ちを示すものとして、あえて統一しなかった。また、（ ）は内容を理解しやすくすることなどを考慮して筆者が補ったものである。

写真18　林昭明氏（筆者撮影）

ワタン・タンガ「一九五〇年代台湾白色テロ受難の回憶」

(一) 啓蒙

一九四八年、私の伯父ロシン・ワタン(林瑞昌)は省政府諮議に招聘された。同年私も試験に合格して建国中学高級中学部一年に進学し、二人の従兄弟「しげのり」(茂紀。後に林茂成と改名)と「しげひで」(林茂秀)もそれぞれ高級中学部三年と初級中学部二年に進んだ。そこで、私たちは台北の万華で同居した。日常的な料理、洗濯は自分でおこない、生活は苦しかったが、比較的多くの自分の時間がもて、自由に使えた。この時、私は台北に不案内で、陽明山がどこにあるのかも知らなかった。次第に、学校付近の公園、書店、図書館がのんびりと放課後の時間をつぶす場所となった。たまに西門町に映画を見に行くのが、高級中学時代の主な娯楽であった。山地から大都市に勉学のために来たばかりのタイヤル族青年の私は接触するもの全てに強い関心を覚え、特に知識については貪欲であった。

一九四八、四九年、大陸の情勢はますます険悪化、不安定となり、大陸では人民解放戦争がまさに勃発しようとしていた。台湾では、四七年二二八事件の余波が響き、閉塞した台湾社会をさらに緊張させ、重苦しい雰囲気にさせていた。第二次世界大戦後、世界の政治思想は社会主義と民族解放運動（ナショナリズム）が二大潮流を形成していた。アジアでは中国、朝鮮、およびインドシナ半島などの東南アジア各地もまたこの潮流の中にあった。植民地は独立を獲得し、アメリカが援助する各国家では人民が汚職、腐敗の現象に対して各政府に抗議した。このような情況を受けて、人心は政治、経済両面から激烈な変革の波を受けていたのである。

こうした中で、私は他人の観点で判断するのではなく、自ら各種の紛争、戦禍の真相について探究する必要を感じた。当時の学説、思想をいかに考えるか。また書籍から分かる問題、例えば政治、経済、哲学思想が山地社会にとって新鮮であったばかりでなく、新たな観念をもその中に内包していた。当時、私は知識欲、好奇心が最も旺盛な年齢であり、何でも知りたいと思い、どこまで理解できるか別として、政治、経済、哲学思想に関する書物は全て読みたかったのである。高級中学二年になると、大体二日に一回、放課後、新公園にある博物館地下室の図書館に行った。そこで、宿題をすませた後、気の向くまま幾冊の本を借りて読んだ。図書館には、豊富な日本語の蔵書があり、全て公開で閲覧できた。その時、マルクス、エンゲルスの『資本論』とアダム・スミスの『国富論』が私の最も研究関心をそそる本であった。その他、ヘーゲルやカントの哲学書にも接した。唯物弁証法、唯物史観も各種哲学書の中で読むことができた。

これらの書物を読んだことは、必然的に山地社会の現状を反省させる契機となった。反省しなければならないという気持ちを抱かせたのである。理論的には、少数民族問題の解決には階級闘争を採る必要がありそうである。結局、革命とは階級革命であり、それによって、ある民族を他民族の圧迫から解放できる。ただし、内部問題として存在し続ける貧富の差、階級間の対立を必ずしも同時に解決できるとは限らない。だが、階級革命によって少数民族への圧迫、差別の現象も初めて改善でき、剝奪され無視されてきた権益も初めて回復できる、と。

とはいえ、当時私は非力な学生に過ぎず、「革命」の概念と行動の間には依然として遙かな距離があった。しかしながら、青年としての私の気持ちは原住民の運命を憂慮する感情に基づいており、原住民社会に関心を示すいかなる人々に対しても、私は経験や感想を交換することを喜んだ。私はこれらの人々の見解の全てを受け入れたわけではない。だが、もし最低限の知識がなかったならば、様々な話を聞く際に自己の立脚点がないことになる。そこで自発的に各種書籍を読み、同時に時局の展開に注意を払ったのである。台湾の政情は予測がつかない状態にあり、一旦重大な事変が発生した場合、タイヤル族はいかなる立場を採ればよいのか。タイヤル族の青年知識分子は部族の人々が危機に対処するのに、いかに協力し、援助すべきか。私は自ら正確な判断ができることを望んだ。

(二) 父親

父タンガ・ワタン(林忠義)の世代のタイヤル族の人々は外来文明に対して、日本人、あるいは漢人(閩南人、客家人で現在の本省人)にかかわらず、彼らの文化で我々の文化よりも進歩しているところは学ばねばならないと考えていた。一九世紀末から二〇世紀の初頭にかけて、毎年外来民族との争いがあり、頻繁な接触を通して祖父（ワタン・セツ）らタイヤル族の人々は次第に次のような認識に到達した。すなわち、自己の文化水準を彼らと同程度にして初めて生存の道を見いだせる、と。父自身、原住民部落の頭目となり、日本人との交渉の過程で、外来民族である日本人の言葉、文化、礼儀、生活習慣で「自分たちより優れた点は学ばねばならない」との信念をさらに深めた。父は幼くして祖父を失い、日本の教育を受ける機会がなかったことから、自分の子供に対しては特に教育を重視した。父はさらに進んで、農業においても近代的な生産技術を学ぶべきであり、山地での焼き畑方式は放棄し、定住した水田方式をとることで、食糧生産を増大できる。そして、余剰の米を売買して現金を入手でき、次の世代に教育を受けさせることができると考えたのである。日本政府はタイヤル族の織布を禁止した。そこで、父は織布の再開には多くの時間を浪費すると考え、その時間を養鶏、養豚の仕事に向けた。それらを売った金で、これまで以上に布地を含む多くの物を購入できた。栽培したラミー（苧麻）も日本人設立の交易所に持って行くことで、生地、塩等の日用品と交換できた。このように、身をもって模範を示し、根本から生産効率を高め、生活習慣を改善したのである。

　部落の中で、父はタイヤル族の人々に近代生活の方式を受け入れ、当局・日本人と協力し、かつ木工、鉄工などの技術に関しては漢人から学ぼうと説得した。日本人はタイヤル族に銃器を差し出すように要求したが、最終的には部落が派出所に申請すれば、一年間に数回狩りをすることには同意した。(1)日本側は銃没収政策によって理蕃工作を補強するとともに、タイヤル族の反抗勢力を弱めようとしたのである。とはいえ、我々自身、伝統的な狩猟を主とする生活方式を放棄し、水田耕作の農業生活に適応する決心をしていた。なぜなら、銃を重んじると、すぐに衝突を引き起こすのみならず、部族の人々が耕作を拒み、旧来の生活様式に固執することになるからである。

とはいえ、私たちのように学校で教育を受けた子供は一定期間過ぎると、次第に一つの事実に気づき始める。たとえタイヤル族が日本人、漢人と同程度にまで学習しても、永遠に彼らと同等の地位に達することができず、社会、文化、心理方面から来る差別を感じるであろう、と。事実、同級生は、私より成績などの面で劣っていても、相変わらず私の上に存在していた。なぜなら彼らは日本人、もしくは漢人であり、私は少数民族出身だからである。父母は私たちに真面目に勉学するように言ったけれども、実際に学校で勉強する子供にとって、部族のことを持ち出して悪意をもってからかう同級生に直面して、心理的に非常に重い圧迫を感じ、堪えきれなくなった時は殴り合いの喧嘩をするしかなかった。不思議なことに、日本人の子供と殴り合いの喧嘩をしても、さらに悪い待遇を受けることはなく、かえって他の同級生から「勇敢」と褒めたたえられたものだった。このことは、日本文化が「武士道」を尊ぶことと関係があるのかもしれない。

台湾は「光復」した。日本語は共通語から敵国語となり、聞いたことがない北京語が日本語の残した空白を次第に埋めた。当時、私は新竹の初級中学校三年生であった。新たな国語は漢字が分かる外、何も分からなかった。漢人の同級生も同様な困難に突き当たり始めた。ただ閩南語、客家語と北京語は発音は尽《ことごと》く異なるが、言語の性質、構造はほとんど同じであった。祖国の言語ということで学習意欲をかきたてることができる外、漢人教師は必要な時、閩南語を挿入して内容を説明した。かくして、相対的に私のような原住民の子供は、漢人の子供に比してさらに多くの心血と精力を注ぎ込んで環境の変化に適応しなければならなかったのである。

こうした状況下で、心の中で「もし先生が私の知っている言葉で授業してくれれば、これほど苦しくはないのに」と思ったものである。勉強する気持ちは非常に落ち込み、甚だしくは学業を放棄し、何らかの技術を身につけるのもよいとさえ思った。機会があれば、台湾を離れたかった。日本には以前の教師、同級生、友達がおり、そこには言葉の障害はない。もし可能であれば、日本に行くことが確かに理想的な活路であった。こうしたことを計画していた時に、「光復」前、日本の予備軍官学校で学んだ兄（元陸軍飛行学校幹部候補生で林昭光のこと）が日本から台湾に帰ってきてしまった。私の出国計画も消滅した。

(三)「光復」

日本人が敗戦し、中国人がやってきた。その時を「光復」というのは台湾が「祖国」に復帰したからであり、少数民族の境遇も改善を望めるはずであった。しかし、タイヤル族の挫折感は非常に深かった。新政権が伴ってきたものは、それまでとは異なる言語、生活習慣、法律、道徳であった。少数民族には自己の運命を切り開く力がなく、伝統文化も頼るに足らない。新政権への期待と同時に、パニック、失望、不満が山地社会に充満した。適応しきれない部族の幾人かは結局のところ深山に帰り、過去の狩猟・焼き畑生活に戻った。歴史的に台湾と密接な関係のなかった新政権に対して、それが漢人のいわゆる「祖国」であるという以外、全く何も分からなかったのである。その政権の性格、作風、山地政策はどうか、部族の人々には分かる術もなく、それ故、当初は傍観の態度を採ったのである。しかしながら、「光復」後、山地社会の生活水準が急降下し、盗賊やこそ泥がはびこり、さらに平地では二二八事件が発生するのを目撃し、皆、困惑した。

医師であった伯父（ロシン・ワタン）は新時代の変化が部族の人々に与える衝撃を憂慮し、また彼らの恐怖と不安を深く理解していた。伯父は少数民族の未来の発展を存続させるため、毅然として医学を捨て政界に入った。医師という職は収入が少なくなく、生活に困る心配はなかった。だが、彼は収入ある仕事を捨て、原住民が早日当面の困難を乗り越えられるように協力し、支援することのみを望んだのである。損得を度外視した不退転の覚悟であったといえる。

台湾の「光復」初期、行政長官とその幕僚は山地政策にかなりの関心をもっており、また原住民部族の精鋭の建議や忠告を受けいれる度量を有していた。だが、残念なことに、陳儀に伴って台湾接収に来た人員には種々の人がおり、少なからざる人々が機に乗じて蓄財する野心を抱いていたのである。角板山接収の長官を例にとると、就任するとすぐに日本統治時代の衛生所に残っていた医療品と備品を密かに売りさばいた。そのため、部族の人が病気になっても薬がなかった。かくして、「三民主義は外省人、内省人、タイヤル族に平和的に対処し、公平に扱うものではないのか？　どうしてこんなことができるのか！」との批判を惹起した。各種の怪現象が平地社会でさらに多く発生し、争議もかなり増大した。二二八事件はこの種の「外省人による台湾人差別」という心や姿勢の下で勃発したのである。

二二八事件の発生後、伯父は山地社会の盲動を押さえるのに成功したのみならず、当局の山地社会に対する信任をかち取った。その後、彼は山地社会の直面する危機打開のため、国民政府に対して協力・支援要請の陳情を絶えず続けた。教育面では、山地教師養成の簡易師範構想を提起した。日本の財産処理に関しては、日本統治時代に各部族が奪われた土地の返還を建議した。その土地に残されている農村企業は原住民が優先的に受け継ぎ、山地経済の困難を改善する。今日、言われている「光復」とは当然元来の権益を回復することにある。さもなければ、何が「光復」なのか、と。ただ、この建議は当局の政策とは合わなかった。国民政府の施政には考慮した優先順位があったようで、外省人が第一番目、閩南人、客家は第二、三番目とされた。原住民は最後で、甚だしい場合は順番が回ってこなかったのである。五〇年国民政府の機能が台湾に完全に移った後、ますます意思疎通が困難となった。幾度かの陳情も成果なく、かえって伯父には下心があると疑われ、ついには後の悲劇の種となった。

(四) 青年

山地教師育成のために、国民政府は特に原住民学生を募集し、台北師範学校(日本植民地時代の台北第二師範学校)付設の三年制の簡易師範学校で学習させた。後に毎年定数の簡易師範学校学生を募集した。また、台中師範学校でも学ばせることとなった。伯父がこれに主にかかわっていたこともあって、私は台北で学ぶ一グループの原住民学生と知り合えた。当時、台北で学ぶ原住民学生は非常に少なかった。同年齢の青年が台北にいるのを知ると、私は当然のことながら強烈な興味を覚えた。彼らと知り合い、励まし合い、あるいは彼らがいかなる困難にあり、それを私が援助できるかどうか、伯父への反応はどうか、彼らに訊ねたかった。放課後、私は自発的に台北師範学校を訪れ、自己紹介をした。そこで趙巨徳と知り合い、同時に思いがけなく子供の頃に一度会ったことのある高建勝と出会った。

日本統治時代、「日本国語の家」の警察の子弟だけが教育を受ける優遇があった。「日本国語の家」とは日本人のように日本語を完璧に話せる家庭のことで、当然、それが前提となる警察の家庭がそうであった。タイヤル族の地域では、警察官は日本人とタイヤル族出身者がなり、閩南人、客家出身者はほとんどいなかった。皆無といってよい。警察官になるためには「高砂族」は日本語試験を受ける必要があったし、他方、日本人は「高砂族」の語学試験を受ける必要があったのである。小学校では、一クラスに多くとも「蕃童」は男女各一名しか許可されなかった。そこで、入学するには「蕃童」の子供同士の競争の外、優遇を受けている警察子弟と競争しなければならなかった。このように、一般家庭、たとえ頭目の子供でも入学は簡単ではなかった。

高建勝の父も私の父も「部落」内では尊敬を受ける頭目であった。だが、どちらも「日本国語の家」には属していなかったので、子弟の小学校入学は非常に困難であった。ちょうど、私たち二人は同じような境遇にあったといえる。私は父に連れられて「タンプヤ」（現在の台北・烏来忠治村）を訪れた時、彼の家で眠ってしまったことがある。当時、私は大渓小学校の六年生で、日本姓を「渡井《わたらい》」といった。彼は新店小学校の四年生で、日本姓は「丸山」であった。「光復」後、私は建国中学に進学し、彼は簡易師範学校で学んだのである。再会した時、私が「林」に、彼は「高」に改姓していた。

簡易師範学校で知り合った原住民学生は異なる山地、すなわち南澳郷、秀林郷、尖石郷など、あらゆるところから来ていた。ただ、私と高建勝、趙巨徳はよく気が合った。趙巨徳の母はタイヤル族、父はサイシャット族で、五峰郷郷長であった。彼ら二人は原住民学生の中で、かなり優秀で人柄も好く、よく勉学した。当時、私たちは学生であり、授業を大事にしていた。そこで、多くは日曜日を利用して会い、ある時は一緒に食事をし、映画を見、あるいは陽明山や新公園などに行って遊んだ。三人は少数民族出身という共通の背景があったので、自然に山地社会の当面の情況、山地の過去と将来について一定時間談笑し、感想や考え方を交換した。非常に広い内容を討論した。山地社会はどこから、どこに向かっていくのか。山地の青年知識分子はどのようにすべきなのか。これら全てが関心の的となった。

私は小学生の時、「日本国語の家」の幾人かの子供たちが自分の民族を排斥し、自らの出身を否認する行為に非常に反感をもっていた。私は他の人々の知識、技術、言語を学習し、甚だしくは彼らよりも彼らの言語を話せるようになることは問題がないが、ただ少なくとも自らの言語を忘れるべきではないと考えていた。「光復」後、国民政府は「山地平地化」政策を遂行した。私は「平地化」により「山地」が消滅させられるのではないかと警戒した。「山地」が一旦「平地化」されれば、我々の自らの言語は消滅する。さらにタイヤル、パイワン、アミの区別はなくなる。そこで、言語は残すべきであるという考えは私の強烈な信念となった。

私は「自己に属する文字は多いほどよい」という一つの考えを持ち始めた。高級中学一年生の時、日本語、ローマ字の母音を用いて、タイヤル語の発音の母音の配列を試みたことがある。同時に私は原住民学生に次のような考えを述べた。すなわち、「国民政府の政策の如何にかかわりなく、自ら民族の言葉を保存するよう自覚しなければならない。私たちも自らの文字を創り、自らの文字で文章を書かねばならない」、と。笑止千万なことに、こうした主張は、後に私が「反乱」を企図した罪状の一つとして情報治安人員によって指弾されることになる。

（五）「自救」

父や年配者から聞いた祖先の歴史から、私は少数民族が元々長久の自治、文化を擁しており、土地の権益は尊重され、侵犯は許されなかったと考えている。ところが、「光復」後の強圧的な政策の下で、山地社会は真っ正面からの同化に直面しており、挽回の道をすぐに考えることなく、その流れに任せてしまえば、二〇年後には少数民族は「消滅」させられてしまうかもしれない。伯父の二二八事件に対する態度は私に一つの啓示を与えた。すなわち、「少数民族は自らの利益と力量を測り、立場をしっかり守り、盲目的に事件に参画すべきではない。さもなければ、部族滅亡の危機を引き起こすであろう」、と。

だが、私は以下のようにも悟っていた。「分割統制される運命から脱却して、剝奪された権益を回復することは、単に当局との友好合作、あるいは妥協によって円満に解決できるものではない。実際に原住民自身が覚醒し、自発的に部族の運命のデッサンに参画すべきである。この点において、原住民知識分子は特に積極的に主導的役割を演じなければならない」、と。個人の能力には限界があるが、もし衆人の知恵を集め、同時にさらに一歩進んで完全な組織を形成できれば、広く益することができるのみならず、また力量をもって政府と交渉できると信じた。台湾の政治、社会情況の観察、および図書館での閲読により獲得した知識から、組織設立の可能性を模索し始めたのである。それはやっと思いついたに過ぎず、まだ非常に幼稚なもので、あまり完全な構想とはいえなかったが、部族救済、解放の曙光が私の頭脳を貫いた。この夢を果敢に実現しないでいられようか！　こうした気持ちだったのである。そこで、高建勝と趙巨徳に動機と目標を説明した後、私たちは「蓬莱民族自救闘争青年同盟」（以下、「自救同盟」と略称）を結成し、その任務を原住民の青年知識分子への啓蒙工作とした。

まず人材を探さねばならない。私たち自身が全て学生で、学校が活動の主要な場所であったので、「自救同盟」は青年を主要対象とした。当時、中学校以上の原住民学生の多くが台北師範学校と台中師範学校に集中していた。高建勝は地の利を考え、台北師範学校学生に働きかけることに責任を持ち、私は台中師範学校の方に責任を持つこととなった。時間的制限と経費不足が最大の問題であった。だが、全ての活動は情熱の赴くまま日曜日に手弁当形式でおこなった。私は台中師範学校を訪れ、学生との友誼を深めることから始めた。談話の間、もし相手の資質と条件が合致したと感じたら、初めてさらに一歩進んで彼の意向を訊ねた。

このように、「地下活動」方式的なものを採用したことは、実にやむを得ない苦しいものであった。とりわけ、国民政府が台湾に来た後、政府は大陸の地下工作員の政府転覆、反乱活動を防止するために、民間成立の社会団体を厳しく統制した。純粋に学術研究を目的としたものさえも禁止したのである。そこで、政府の許可を得ずに設立された社会団体は全て地下組織的色彩を帯びていた。「自救同盟」もまたその例外ではない。無用な混乱を避けるために、学生に接触する時も、あまり華々しくせず、ただ原住民のために僅かな力を発揮するという心で、同時に「自救同盟」の一員となる「義」をもつ青年だけが私たちの必要な人材だとした。

「自救同盟」が開始されると、原住民青年の中で知識、能力ある立派な人材を吸引し、そうした人々が同盟に入会してくれることを期待した。人材は組織自体の性格に関係するからである。私たちは知識を後ろ盾とし、ペンを手段として、政府の山地政策に対して建設的な方針を提起し、理性と平和的手段で理解し合おうとの希望をもっていた。このように、動機、目標、およびやり方のいずれをとっても、「自救同盟」はかなり知性的な団体であったといえる。しかし、中共（中国共産党）軍の台湾侵犯の脅威が日増しに増大するにつれ、当局が最終手段に出るという真偽入り交じった噂が巻き起こる状況下で、私たちが原住民部族の安全と利益を保護するために、必要時には「武力」で自らを防衛すると考えたことを否定はしない。とはいえ、武力闘争を準備したという話が真実ならば、「自救同盟」は必然的に別なやり方で運営しなければならず、吸収する同盟員の対象から活動内容・方式に至るまで完全に改変しなければならなかったはずである。だが、私たちは情況に対応するための心理的準備をしたに過ぎなかったのである。「自救同盟」は徹頭徹尾一貫して学生運動の範疇に留まっていた。私たちの目標はただ少数民族の運命に対してだけであり、自分たちの力で少数民族を救済し、解放することにあった。いかなる外部の人々、あるいは団体から資金援助を受けたこともない。独立性を極めて重んじたため、全ての活動路線、方向性は私、高建勝、趙巨徳が決定して指導した。

(六)「共産党員」

国民政府が(大陸から)台湾に撤退した後、政策的に高らかに「反共抗ソ」を叫んだ。一般人は皆、台湾で一グループの共産党の地下工作員が活動していることを知っていた。共産党諜報員に対する検挙工作が野火の如く展開され、「自首」運動も当局の止めどない煽動下で進行した。当時、「ある個人」と「知り合う」ことは危険なこととなった。「知情不報」(情報を知っていて通報しない)罪の解釈は人によって異なり、情報治安要員に大きな活躍の場を与えた。

伯父は原住民の政治指導者の中で国民政府にとって要注意人物であったのみならず、共産党からも重視されていた。幾人かの共産党員が伯父を訪ねてきた。私はその何人かを知っている。当初分からなかったが、後になって工作内容を知った。彼らは山地社会に強い関心を示し、山地社会の問題を聞きたがった。非常に友好的であり、私もまた彼らを友人と見なしていた。当時、巷では、国民政府は絶えず人を捕まえては誰を銃殺したとか、あるいは誰が自首したなどの話を聞かない日はなかった。こうした状況下で、私と彼らは道義に基づいて、双方が話し合った内容を外に漏らさないと約束した。その時の私は非常に単純で、他人が言ったことを信じる世間知らずの若者で、彼らが私のことで何らかの問題を起こすはずがないと確信していたのである。

彼らは常に数冊の小冊子を「参考までに」と送ってくれた。思想教育をしようとしていることは知っていた。だが、私は相手の話の内容を理解するために小冊子の中に何が書いてあるかを読んだ。相手の言うことを理解して、初めて自己の立場を持つことができるからである。「自救同盟」のことで南下して学生を訪問した時、彼らも一緒についてきた。思想教育以外に、私の共産党への入党を望んでいたことは明らかであり、甚だしいことには学業を放棄し、全身全霊、運動に投入することを要求した。だが、私は拒絶した。そのことも彼らの私への批判を引き起こした。

その時、私はまだ試行錯誤していた。どのようにすることが正しいのか。また、すでに徹底的に理解できたという自信もなかった。その上、学生である私たちにとって、現実の状況には、解決する術のない様々な事柄があった。私は決して熱狂的な実践家ではなく、知識面での研究をかなり重視する性格である。私たちの目的は山地社会がさらに傷を受けるのをいかに避けるかにあり、「武装闘争」を採用することからはさらに大きな隔たりがあった。

当然、階級差別のない社会主義制度に確かに一度心を動かされたことを否認はしない。大陸の実際情況がどのようなものかはっきり知らなかったけれども、ただ大陸の制度には少数民族が自治区を有し、人民代表大会と政治協商会議には少数民族の席があることを知っていた。他方、台湾を見るに、原住民の言語がそれぞれ異なっているにもかかわらず、ただ三人の民意代表がいるだけである。憐れむべきことに県単位の山地行政科だけが山地「部落」の要求に対応している。しかるに政策はいわゆる「山地平地化」で、明らかに少数民族の「消滅」を目指している。人類は最終的には「大同」へと歩み、交流がますます頻繁になるであろうが、この種の非人道的なやり方で、私たちの存在を否定すべきではない。私たちもまた人類なのだ。

元来、私は共産党員ではなく、「自救同盟」も共産党の外郭団体ではない。ところで、私は当時、中国大陸での政治闘争がいかに残酷か全く知らなかったし、そのことについて僅かな知識すらもなかった。私はすでに原住民の行為を謝るつもりもなかったし、自首することで自分一人の存命を図るつもりもなかった。私は行為が正義に合致していると深く信じていた。どうして自首して自ら発起した運動を否定することができようか。彼らはついに私の名前を国民党に出してしまった。これは私にとって一つの教訓であり、一つの経験ともなった。だが、私は彼らを責めるつもりはない。私は情報治安人員から同様な虐待を受けた経験を持っており、彼らもかなりの圧迫を受けたことが分かるから……。理念的に、彼らと同じ点もある。私は原住民に「誰」が真に関心を持ち、「誰」が真に寛容なのかを知る必要があった。このことは、長期の社会的実践を通して初めて証明できるものなのである。いかなる人でもその誠意と関心を示してくれさえすれば、私は歓迎する。

（七）逮捕

「自救同盟」の活動は地下分子の蔡孝乾が逮捕された後、完全に停止した。情報治安人員は多くの地下組織を破壊し、多くの重要な地下分子を逮捕した。その中で、山地工作に責任を負っていた簡吉も捕らえられた。意外にも情報治安人員は彼から私の名前を聞いたのである。ただ、当時、私はそのことを全く知らなかった。台湾の「匪諜（中共特務）」粛清の空気はますます強まっていった。「自救同盟」は半年間の活動を経て安全のために終止符が打たれ、高級中学時代の一時期の単なる回憶となるはずであった。高級中学三年生の時、私は授業に没頭しており、たまたま図書館に本を借りに来て高建勝らを見たが、彼らも頻繁に会っているようにも見えなかった。卒業後、私は受験した大学が不合格となり、台北に一定期間留まり、将来の生活の道を考えていた。あまり焦っておらず、ただ思いがけない何かが発生するようで、不安が重く心を圧迫していた。

父は私に家を手伝うように言い、そこで私は台北を離れ、（現在の桃園県復興郷角板山に）帰郷した。だが、私は不幸にもマラリアを患い、当時、郷長であった兄（林昭光）の家で闘病し、休養していた。五二年九月一〇日五時頃、「明後日、桃園県政府に来るように」と、警察からの通知があった。二日後、兄が用事で外出していたので、母にその旨を伝え、一人で県政府に行った。私が県政府に着くと、刑事警察大隊に行くように言われ、そこに行くと、すぐに何も言われずに牢獄に監禁された。その時、まだ熱があり、眩暈《めまい》がしていた。ただ自分が刑事犯でないことははっきりしていた。もし何らかの理由があって逮捕されたのであれば、過去の事柄に関係する思想問題に違いない。

監禁されて以来、家族と連絡をとる術を失い、ただ待つだけしかなく、いかなる進展も見せなかった。同じ牢獄の人々は刑事犯で、日本貨幣を偽造した者、アヘン吸飲者、あるいはスリであった。彼らは、私が思想問題で逮捕されたことを知り、すぐに「煩わしい！　煩わしい！」と言い、敢えて私に近づこうとはしなかった。二日目、台北に送られ、初めて逮捕が保密局の命令で執行されたことと逮捕理由も知った。誰が私の名前を出したのかを知りたかった外、さらに誰がここに入ってくるのかを知りたかった。幾人かが入獄してくれば、間違いを犯すことはない。私は彼らを参考にして何に答えないか、あるいはいかに対応するか等々、細心の準備ができる。何が起こるか分からないという恐れの気持ちがあった。事情調査を受ける前に、これまでに事情聴取された人の経験を聞き、どのような形で私たちが扱われ、それに対していかに回答し、対応するのかの参考にしなければならない。その時、私のポケットには数十元が入っているだけで、入獄後、支給された物があったが、衣服、歯ブラシなどの日用品は全くなかった。この後、何もなく三ヵ月が過ぎ、初めて家族とも連絡が取れ、日用品と金銭が送られてきた。その時、家族は私が獄中にいることを初めて知り、まだ生きていることを知った。私のように連行された人間で、二二八事件でも非常に多くの者の消息が分からなくなっている。

保密局に入ってすぐに、高建勝を見た。私は心の中で、「彼らも捕まえられた」と思った。その時、一間しかない獄房におり、ちょうど真夏の九月で、非常に暑かった。数十人が上半身裸で整列させられ、高建勝は前列に立っており、背後から彼を見つけた。監獄内では獄房毎に一つの便器が置いてあり、交代で排泄物を捨てに行った。ある日、それを捨てに行った時、背の低い人が私に笑いかけた。それは、なんと従弟の林茂秀であった。非常に驚いて「おー、お前も来たのか」と聞いたが、彼はただ笑っているだけであった。傍らには監視員がいて、もし会話しているのが見つかると、拷問を免れない。そこで、それ以上、何も話さずに、その場を離れた。従弟と一緒に阿里山旅行をしたことがある。それで、「自救同盟案」で捕らえられたのだ。この他、彼は父親と同居していたので、彼の父親（ロシン・ワタン。林昭明の伯父）の関係で、当然のことながら地下工作員が訪ねて来たことを知っている。

第一回目の調査で、法廷に行った時、司法官と幾人かの高級将領がすでに私を待っていた。その中の一人の将官が無遠慮に言った。「我らは六〇万の大軍を擁している。おまえら（原住民）は二〇万で何をしようというのか」、と。私は非常にあきれて、問題にならないと思った。軍隊とは国家や人民を防衛するものではないのか。どうして私的な傭兵のように人民を敵と見なすのであろうか。まさか原住民が中華民国の人民ではないというのではあるまい。

保密局に一一ヵ月前後、拘留され、その期間、絶えず尋問と調査を受けた。また、例えば某某は自首して、私と関係があり、私から「機密文献を受け取った」とか、あるいは「活動開始の命令を受けた」と書いている。このように、数多くの荒唐無稽な「証拠」を出し、私を混乱させようとした。ただ、絶えず明確に反論し、反証を提出するしかなかった。しばらくして、情報治安人員の脅迫と利益誘導によって、非常に多くの人々がいわゆる「罪」を認めたかを知った。私は「自首」した人々に同情した。人間の弱さを責めることはできない。

ところで、情報治安人員の多くがこれを「一つの機会」と見て、案件を大きく騒ぎ立てるほど、支出される経費はますます多くなった。功名心に基づき、物事をいかに見なすかにかかっており、彼らの頭脳の中で完璧な幻の「反乱活動」の存在が構想されていたのである。私は百戦錬磨の情報治安人員の巧みな質問に全ての脳の力を使い、対応しなければならなかった。なぜなら一言でも言い間違うと、ある事実が明白に解釈できなくなり、厳しい結果を引き起こす可能性があるからである。私個人は危険を前提に、すでに開き直っていた。私を支える唯一の力は、自己の理念と行動には誤りがなかったと固く信じることであった。なぜなら、一旦信念が動揺すれば、自らを精神崩壊の段階へと推し進めることになるからである。

（八）起訴

保密局での恐怖の調査が一段落を告げた後、私たちは警備総部軍法処に送られた。第一関門は検察法廷で、軍事検察官は私に紋切り型に「いつ共産党に参加したのか」と質問した。(2) 私は「共産党に参加したことはない」と答えた。私の答えにかかわらず、同様な質問を三回した。検察官は怒鳴った、「嘘つきめ。出て行け」、と。その他のことは何も聞かれず、私が認めなかったにもかかわらず、起訴された。引き続き調査廷、弁論廷が開かれ、開廷のたびに新たな証人、証拠が多く出され、拘留され続け、事実が捏造され続けた。

軍法処で伯父（ロシン・ワタン）と出くわした時、監視人がおり、笑いかけることも話をすることもできなかった。私たちは素知らぬ素振りを装い、目は前を見続けながら、通り過ぎた時、伯父が心配そうに私に聞いた、「お前は第二条一項で起訴されたそうだな」。私は「そうです」と答えた。「第二条一項」とは共産党組織に参加し、国家転覆を謀って活動した実行犯に対する罪で、銃殺罪である。

最初の入浴の時、皆、冷水槽の傍らで歯磨きをし、体を洗った。看守所の規定によれば、五分以内にこれらをし終えなければならず、慌ただしかった。この時、よく知っている人を見つけた。「おー、高一生だ！」（写真19）。彼は伯父の親友であり、捕らわれる以前、台南呉鳳郷（現在の嘉義阿里山郷）の郷長であった。阿里山のツオウ族である。彼と伯父は「新美農貸款案」と「匪諜案」により共に逮捕された。この時、他

写真19　高一生
（林茂成氏の提供写真）

にタイヤル族の高澤照、ツオウ族の湯守仁、武義徳、汪清山らが逮捕されている。私が歩み寄ると、高一生は日本語で「心配する必要はない。大丈夫だ」と慰めてくれた。私は「楽観すべきではない。あなたが考えているようなものではないことを恐れている」と言った。だが、高一生は「心配する必要はない。政府は寛大だ」と繰り返した。それに対して、私は「そうは思えない。気を緩めるべきではない」と答えた。高一生は「心配するな」と繰り返したが、ここで会ったのはこの一回限りであり、また彼に会った最後でもあった。

林茂秀も軍法処に送られてきた。そして、彼も「自救同盟案」により第二条一項で起訴されたのである。そこで、私は報告書を書き、従弟が無関係なことを説明した。「今年彼は初級中学生の子供にすぎず、何も分からず、私が（「自救同盟」に）吸収しようとする対象ではない」、と。そして、これへの反証を要求した。私が出廷した時、従弟もその場にいた。私は法官の面前で彼は無関係であると主張した。彼と阿里山に行ったのは純粋な旅行であり、「自救同盟」に参加させるためではない。参加していない以上、活動もしていない。これで、彼と私の関係は問題がなくなった。ただ父親との関係で、彼には「大義滅親」（親よりも大義を優先する）の勇気がなかったとされて、懲役二年の判決が下り、罪名は「知情不報」となった。その刑期がまだ終わらない時、台湾にはすでに二十数万人の政治犯がおり、（当局者にとって）監獄が満杯なのが頭痛の種であった。蔣介石は総統を続けるために「大赦」の名目で「知情不報」罪の政治犯を釈放することで、同時に監獄不足の問題を解決した。

（九）訃報

一九五四年四月一七日の夜明け、伯父と高一生ら六人が銃殺された[3]。その日、目覚めると、同房の人が「山地の六人は朝すでに出て行った。行く前に衣服を全て脱がされ、それらを手に持って行った」と言う。なんという非人道的な扱い。私も第二条一項の罪名で死が確定している。そこで、私は全ての物を整理し、一塊りの白布、一揃いの衣服、何枚かのシャツとパンツだけを残し、家から寄こされたそれ以外の物は全て送り返した。二週間後、父から手紙が来て「どうして全ての物を送り返してきたのか」と書いてあった。私は「夏になって多くの物が不必要になった」と返事を書いた。

高建勝の獄房は廊下を隔てた向かい側にあった。看守の注意していない時を見計らって多くの話をし続けた。彼の心が分かった。私たちはおそらく逃げられない。獄房では会話もできない。会話をすれば、引っ張り出されて「矯正」されるであろう。ただ、看守も時には見て見ぬ振りをしてくれた。看守も私たちの気持ちを察してくれていたのである。とはいえ、獄房ではあまり勝手な行動は許されず、看守も時にやって来て怒鳴った。

その時、私の心は非常に平静で、いつもと同じように将棋を指したり、字を書いたりしていた。

時間はあまりないと感じた時は、獄中の友人に次のように頼んだ。「もし私が獄房から引っ張り出された後、私の消息を聞かなかったら、この文章の包みを私に代わって保管して欲しい。もし機会があれば、持ち出して欲しい。命があれば、受け取りに行く。これらの文章は獄中で自ら書いたもので、獄中で会得したこと、感想、および入獄後の重要な事柄の記録である」、と。人生の終わりを待って、座ったまま眠っていた時、私の名前が呼ばれた。私は衣服を整え、他の人と別れの握手をし、何も持たずに獄房を出た。私を連れに来た看守が「どうして何も持って行かないのか」と聞いた。私は首を振りながら「(持って行く物は)何もない、何もない」と繰り返した。私が牢獄を出た後、鉄門が閉じられた。その時、趙巨徳、高建勝、李訓徳がすでにそこにいた。

一般的に、銃殺される者は単独で呼び出され、牢獄の鉄門を出ると係員が待っていて、直ちに縛りあげられて動けないようにされ、直接刑場に連行される。刑場は後に看守所の出入口、さらに牢獄の出入口に改められた。なぜかというと、法廷である人物が反抗し、武器を奪い、衛兵を攻撃したことがあり、このように変わったのだそうだ。私が牢獄を出た時、他の懲役刑の人々も出てきており、かつ何らの厳しい事態も発生しなかった。私は看守に向かって「班長、私は忘れ物をしました」と言った。看守は「だから言ったじゃないか。何も持ってこなくてよいのか」、と。私は獄房に戻り、文章の包みを持ってきた。だが、高建勝らはまだ安心していなかった。言うまでもなく、法廷で全てが分かった。

（十）判決

法官は判決を読み上げた。「林昭明、高建勝、趙巨徳は二〇歳未満の青年であるので……一五年に減刑する」。第五条により起訴された他の者は七年に減刑された。(4) 判決を聞いた後、「元来一五年だけだったのだ」という感じがした。判決前、私たちは看守所の東監獄に拘禁されていたが、判決後、西監獄に移されることとなった。まず東監獄で一定時間休息をとらされ、準備が整った後、西監獄に移送された。

西監獄に入った時、意外にも長兄が隣の獄房にいることを知った。捕縛されたばかりの頃、何か気がかりで心配の種があるとすれば、「長兄も捕らえられたのだろうか。兄弟が二人共ここにいるとすれば、誰が家の世話をしているのか」ということであった。長兄ポート・タンガ（林昭光）は「光復」後、日本から帰国した時、北京語を一言も話せなかった。だが、すぐに能力を発揮し、政界に入った。まず郷公所に就職し、後に郷長選挙に出馬し、順調に当選して首任民選郷長となった。二七歳になったばかりの時である。当時、長兄も原住民の青年政治家の中で政府に特に注意される対象であった。山地案件の処理に対して長兄は鍵を握る人物の一人であったからである。もし長兄が入獄していなければ、私たちにはまだ希望があった。私が東監獄にいた時、散歩をしていて長兄が連行されてきたのを見たことがある。その瞬間、全ての想いが燃えつき、非常に失望し、状況の流れをあまり楽観できないように感じられた。その上、長兄捕縛の理由は、政府が伯父ら六人を銃殺した理由と同じであった。

西監獄に移った二日目、アメリカが看守所内の状況を視察するため、人員を派遣して寄こしたことを知った。国民政府はアメリカからの支援ドルを政治犯捕縛や監禁などに浪費している事実の発覚を恐れ、私たち数十人は新店街の監獄に分散して入れられた。聞くところによれば、ここは元映画館である。保密局も元高砂鉄工廠であった。この双方とも「資匪案件」で「共産党を支援した」として国民政府に没収された建物である。獄房を出た時、長兄も出てきたので駆け寄った。天の配剤かもしれない。私と長兄は手錠で一緒につながれたのだ。そこで、道すがら話をする機会を得て、現在まで発生した事柄について話し合った。新店で一晩過ごした後、私たちはまた軍法処の西監獄に引き戻された。一週間後、私と高建勝らは新店安坑の「自立新村」に移送された。長兄は後に板橋土城の生産教育所に移された。

新店に行く前、これまで調査、尋問期間に受けた拷問、苦痛は判決確定によって終了したと思い、まさか別の恐怖段階が開始されるとは思ってもみなかった。「自立新村」内の管理は以前と同様に厳しく強硬なものであった。また同時に、少数の政治犯を籠絡し、秘密裏に監視、聞き取り、探査工作をおこなわせた。甚だしきは故意に事件を引き起こした。深夜、個別的に尋問し、隔離して「反省」させ、肉体的な懲罰を与え、密かに政治犯の持物調査などをおこなったのである。

不満が高まり、さらに私たちと看守所との間に緊迫した対立を醸造した。「大陸反攻歌」を歌わせようとするが、歌う者もいず、思想課程の試験は零点や不合格者が多数を占めた。殴られても殴りかえさず、罵られても黙っていた。「被帰類」とは「不合作分子」(非協力的な分子)のことで、さらに多くの肉体的拷問に堪えねばならなかった。監獄側は医療行為をしなかった。内傷予防のため、重傷者はただ尿(周知の如く、尿はアンモニアなどを含んでいるため内外傷に効能があるとされる)を飲んで自ら治療するしかなかった。その他、例えば外に出る時間は短縮され、自由に散歩もできず、面会は禁止された。これらは監獄側が確信犯に対して実施したやり方である。

闘争は七年間も続いた。監獄における強硬管理の終局的目標は政治犯を従順にさせ、転向せざるを得なくさせることにあった。それに対して、政治犯は生命の尊厳のために「不合作」抵抗をおこなった。そして、ついに上層部に高圧的手段では決して屈服させられないことを悟らせた。この結果、所長は更迭され、人心を慰撫し、「合作」奨励の懐柔手段に改められ、同時に学歴、職業、特技の調査をおこない、それぞれ区分された。その結果、職業登記上で教員や医者などの「文職」類は緑島監獄に送られた。また、登記上、農民、木工、鉄工、水管工、技師などの「技術人員」類は軍法処監獄に送られた。高建勝、趙巨徳は教師であり、私は農業に登記されており、それぞれ異なるところに送られたのである。

軍法処の監獄管理方式は比較的に開明的であった。軍法処は私たちの組には各業種の人材が全ているのを見て、政治犯の技能を利用する形で生産教育に従事させた。こうしたやり方は強硬管理に比して妥当なものであった。双方の協力の下、管理効果は意外なほどよく、看守所は一つの「生産単位」となった。竹椅子製造、鬘製造、クリーニング場、手工芸工場はそれぞれ「事業」の一つとなり、当然、私たちも労賃を得て、食事は改善された。どうやら看守所の方も私たちの労働に一応報いてくれたといえそうである。

新店の「自立新村」に送られて来たばかり頃、班長が私に「名前は何というのか」と尋ねた。答えないでいると、獄友がかわって「彼は高砂族です」と答えた。班長は全て納得したように「北京語はできるのか」と再び尋ねた。私は「分からない」と答えた。出獄前、論文試験で百点をとったことが、監獄を去るに当たっての彼らへの「贈り物」である。

（十二）恥じることなし

保密局、軍法処、そして執行機関で受けた精神的、肉体的苦痛、虐待を思い出すたび、総じて感慨にたえない。その中では外省、本省、もしくは山地、平地を分かたず、獄友たちは心を一つにして互いに助け合った。

情報治安人員たちは大陸で国共闘争を経験しており、私たちを「準共産党員」と見なし、仇をとるような態度であった。彼らが大陸で遭遇した挫折、恥辱の経験から情け容赦なく私たちの身に発散し、報復したのであった。幾人かの人々は立たされ続け、叫び続け、看守所の人員に担がれてきた。ある時は両手を刑具で挟まれ、傷つき腫れ上がり、その痛さは耐え難いものであった。食事の時、餌をやるような態度、および拷問で水を注ぎ込まれ、電気にかけられ、毒を打たれることは日常茶飯事であった。人間性の最もすばらしい貴い一面と、最も野卑で醜悪な一面を同時に試練として受けた。すなわち、英雄・好漢、あるいは小人・卑怯者の真実の姿を見せつけられたのである。

私個人からいえば、二年間の監察期間、一五年間の獄中生活、そして出獄後も公民権を一〇年間剥奪され、職、居住、あるいは出国も全て制限された。もちろん私より悲惨な境遇にあった人々はさらに多く、同情を禁じ得ない。とはいえ、反問せざるを得ない。高級中学の学生時代、自らの部族のやり方に関心を持ったことが、懲罰を受ける理由となるのであろうか。全ての苦痛を、私は甘んじなければならなかったのであろうか。

当時の法律は、為政者が自らの政権を強固にするために定めたものである。いかなる批評も許さず、異議も認めず、少数民族のか細い声やうめき声にさえ寛容ではなかった。それは暗黒の人間性のない時代で、富や栄誉、権力のために「人の価値」は全て忘れ去られていた。人命は極めて安価であったのである。政治家の権力闘争のために、人類にとって多くの有益なことは忘れ去られた。政治家の関心はいかに自己の安全と利益を維持するかにあったのである。私は、このような恐怖政治が再現しないことを願っている。なぜなら最大の被害者は一般の庶民だからである。

現在、台湾は民主憲政への道を歩んでいる。社会の空気は自由で開放的なものに変わり、地球保護の観念はますます高まっている。環境、自然の生態、動物、森林の保護は盛んに叫ばれ、同時に全力をあげて推進されるであろう。同様に、少数民族も保護されるべきなのではないのか。原住民とその文化にも生存権がある。

この世界は元来、多様なものである。異なる人々が存在することで、文化、言語、思想、そして人種も一様ではない。もしただ一種の音楽だけを聞き、ただ一つの思想だけが許されるのであれば、世界は味気ないものになり、人類が住むのに適さないものになるのではないか。各種各様の文化、言語、思想は人類が創造したものであり、互いに理解、尊重しなければならない。これは一つの夢かもしれないが、率直にいって私はこうした社会を待ち望んでいる。原住民、外省人、閩南人、あるいは客家にかかわりなく、民主憲政下で睦み合い、相互に尊重して、台湾を平和な社会としたい。少数民族の権利と文化の特別な保護とは、文化の発展方向を自ら決定させ、他の人々が統制するものではないということである。

今の原住民青年は、私たちが当時欠乏していた機会、環境、条件を持っており、それらの条件を自らの努力によって利用する必要がある。いわゆる過去を「耕す」という態度で、まず祖先が残してくれた知恵を記録し、整理する。こうした基礎作業があってこそ文化は発展するのである。さらに自分の言語、文字で文章を書き、現代文明と科学知識を自らの文化とする。私たちの祖先は過去に外来民族と戦争し、「野蛮人」、「劣等民族」の行為と見なされたけれども、その動機は外来民族からの侵略に抵抗し、部族の生存を保護するためのものであった。現在は理性と平和的手段を用いる時代であり、武力解決はすでに時代に合わない。とはいえ、祖先の精神を忘れることができない。私自身、決して「少数民族ショーヴィニズム（排外主義）」を鼓吹するものではない。私の親友の中には原住民、外省人、閩南人、客家すべてがいる。現在、社会は開放した。漢人の友人も少数民族文化を尊重する必要を知っているし、一緒に関心を持ち、研究をしようとする人さえもいる。かくして台湾における文献も多様化した。これらの文献を再び優勢な民族や一個人のものとしてはいけない。原住民青年も自ら実地に学問をし、研究をし、自己を卑下せず、漢人友人と協力して、心と視野を広げてこそ盲動や衝動で動かなくなるのである。

タイヤル語の「ユータックス」とは、見ることができない力を代表しており、神、真理、自然でもある。「ユータックス・スムパング」とは真理による採決を意味する。原住民青年は真理を追求する情熱を持ち、部族の平等な地位と権益をかち取り、自らの運命を理性的に掌握せねばならない。当時、私たちはこうした夢を持ったがために決定的打撃を受けた。将来、異なる民族との間に共存共栄の政治制度を出現させることができるかどうか、継続して努力しなければならないと思う。

【註】

（1）猟をする銃は駐在所の銃機庫で保管して、猟の場所と必要な銃弾数等に関する申請書を書かせてから銃を貸し出した（元小隊長・上野保「第五回高砂義勇隊を引率して」、林えいだい『台湾第五回高砂義勇隊』文栄出版、一九九四年所収、二五七頁）。

（2）国家安全局機密文献『歴年辦理匪案彙編』（未見）によると、「匪台湾『蓬萊民族自救闘争青年同盟』林昭明等反乱案」には、共産主義思想に共鳴した原住民青年が「台湾蓬萊民族自救闘争青年同盟」を設立し、「自覚」、「自治」、「自衛」を標榜し、共産軍の台湾進攻に呼応すべく準備をしたと書かれているという（中村ふじゑ「阿里山麓のツオウ族の村を訪ねて」〈下〉、『中国研究月報』第五五二号、一九九四年二月）。

（3）一九五四年四月一七日に銃殺されたのは林瑞昌（省議員〈第一届民選省府参議員〉・タイヤル族）、高澤照（警察・タイヤル族）、高一生（呉鳳郷長・ツオウ族）、湯守仁（保安司令部警備官・ツオウ族）、方義仲（呉鳳郷達邦村長・ツオウ族）、汪清山（職名不明・ツオウ族）であり、国防部の判決書による罪名は「叛乱」であった（林昭明「台湾少数民族的民族解放運動」、前掲『二一世紀東ASIA平和와人権』所収）。

（4馮守娥（「白色恐怖与女性」、同前『二一世紀東ASIA平和와人権』所収）によれば、罪名と判決の関係は結局以下のようであったという。①「特務、情報収集」は大部分が死刑、②「政府転覆のために着手、実行」は大部分が死刑、③「叛乱組織に参加」は有期懲役刑か死刑、④「知情不報」罪は有期懲役刑、⑤「匪のために宣伝した」罪は有期懲役刑か感化訓練、⑥「（匪）援助」罪は有期懲役刑、⑦その他である。

【初出】ワタン・タング著、菊池一隆解説・訳・註「一九五〇年代台湾白色テロ受難の回憶」、東洋文庫『近代中国研究彙報』第二一号、一九九九年三月。

【証言2】林昭明氏に対するインタビュー

タイヤル族の起源、清朝、日本植民地、国民党政権

はしがき

インタビューの際、林昭明氏は「人の名前とかはどんどん忘れてしまう。何度も何度も長い時間、考えて思い出す」と述べた。それに対して同席していた和夫さんは「しようがないよ。昔の話だからね。若い時から書いておけばよかったけれどね。そんなものを書くと、国民党に捕まるしね。下手に名前とか書いておくと、人に迷惑かかるからね」という感想をもらした。この何気ない一言からも、彼らが歩んできた当時の状況の厳しさを想像するに難くない（写真20）。

写真20　林昭明氏へのインタビュー。
左から林昭明氏，筆者，和夫さん

林昭明氏に対する本インタビューは一九九五年三月二二日をベースに、一九九九年一月一〇日、二〇〇九年三月二四日、二〇一一年

三月二六日等々、繰り返し実施したものである。それ以降も林昭明氏には何度も会って、世間話をしながらも不明点などをお聞きした。当初、それぞれインタビューを実施した期日毎に分けてまとめていた。だが、こうすると、重複箇所が多くなり、簡潔さを失い、むしろ分かりにくくなる。なぜなら新たな質問もしたが、質問内容は同じで正確さを期して不明点などに重点を置いて聞き、再度確認し、補強する作業を何度も繰り返したからである。したがって、それぞれ期日ではなく、内容によってまとめた方が分かりやすくなると考え、テーマ毎にまとめ直した。

一　林昭明氏自身のことと国民党政権下での「白色テロ」

菊池　林昭明さんからいただいた「一九五〇年代台湾白色テロ受難の回憶」（同前掲載）を読みました。理解を深めるために質問をさせてください。まずは基本的なことからお聞きします。名前が三つあるようですが、お教えください。

林昭明氏　私の本名は「ワタン・タンガ」です。日本統治時代の名前が「渡井貫行《わたらいつらゆき》」で、中国名が「林昭明」です。

菊池　お生まれはいつですか。

林昭明氏　一九三〇年です。

写真21　昔の林昭光，林昭明の家族写真　下段の二人が父母。上段の左から２番目林昭明氏，３番目林昭光氏（林昭明氏の提供写真）

菊池　学歴、略歴をお教えください。

林昭明氏　家族は日本軍により渓口台に強制移住させられ、私は日本が設立した国民学校を出た。日本敗戦後、新竹の三年制の工業学校を卒業し、台北に行き、回憶文にある通り建国中学高級部に進学した。

菊池　林昭明さんの父（タンガ・ワタン。中国名は「林忠義」）が日本人や漢人に学ぼうとしたことはよく分かりましたが、そう思った契機をもう少し具体的にお教えください。また、林昭明さんは父親の考えをいかなる形で継承し、発展させたと自ら考えますか（**写真21**）。

林昭明氏　私たちの民族は一八九五年から一九一〇年まで一五年間、日本統治に抵抗し、英雄的に武力闘争をおこなった。その結果、日本軍に鎮圧された(1)。こうした経験を経た後、父はタイヤル族の民族文化、特に生産技術を日本の水準にまで上げれば、民族生存の道が切り開けると考えるようになった。父は教育を受けていなかったが、当地のタイヤル族頭目であり、旧来のやり方を捨てて新しい思想を持つに至った。私はそうした父の影響を強く受けている。ただ私は先進民族の文化水準に上げるだけでは差別がなくならないと考え、自分たちの文化、特に独自の文字を創ることが大切であるとの認識に至り、エスペラント、中国語、ラテン語などを研究した。

菊池　日本植民地下での学校生活はどのようなものでしたか。その際、タイヤル族出身ということを強く意識していましたか。

林昭明氏　日本統治時代、漢人（現在の本省人）は一般法令で処理されたが、「高砂族」（以下、原則として高砂族）に対しては行政命令であり、民法、刑法などには基づいていなかった。ところで日本統治時代は理蕃行政、いわば警察行政ともいえるものであった。こうして、日本統治によって閉鎖的な高砂社会は強引に開放されたが、その結果、言語などを含む伝統文化は急速に失われ、自己の文化を喪失した。当時、タイヤル族に対する差別もあり、私自身も自己の文化に無関心であった。

高砂族の全ての児童は「蕃童教育所」に入った。日本人の国民学校はクラスは三〇人位で、その内、原住民の児童一人が試験で入学することができた。私は五年次の時に初めてその試験に受かることができた。高砂族警官の子弟は優先的に入学できた。教師はほとんどが日本人警官であるが、一部の教師は師範学校卒の高砂族である。なお、漢人には本島人公学校があった。

私がタイヤル族の文化を特に意識したのは（日本敗戦後）「中国」になってからであり、いわば国民党時代で一五～一七歳頃であった。それは、国民政府・国民党は「光復」といっており、少数民族の文化推進も認めると考えていたところ、実際は「同化」政策を強引に推し進め、完全に私たちの期待を裏切った時からです。

菊池　日本敗戦時期のことをもう少し詳しくお教えください。

林昭明氏　日本敗戦時期はとても複雑であった。日本語を話せるようになったら、今度は全くなじみのない「中国語」（北京語）を話すことを強制された。それは清朝統治時期のことを思い出させ、清朝に対する不満が国民党に対する不満と連動した。清朝は満洲族の朝廷ではあるが、清朝も国民党もどちらも同じ「中国人の政府」と思えた(2)。

菊池　二二八事件の時は国民党による本省人弾圧は有名ですが、この時、原住民がどのように動いたのか、全くといっていいほど分かりません。原住民、特に角板山タイヤル族は二二八事件にどのように対応したのですか。

林昭明氏　二二八事件当時、タイヤル族には議員が多かった。烏来から連絡はあった。だが、全般的にタイヤル族は動かなかった。日野三郎（ロシン・ワタン）が「軽挙妄動するな！」と主張し、二二八事件への参加を阻止した。この点は評価されている。ただし、阿里山ツオウ族の約二〇〇〇人は動いた。嘉義の治安を回復するため、国軍（国民政府軍）と衝突しながら、平地人を危険から助け出した。

菊池　「白色テロ」期間、林昭明さんは「共産分子」として逮捕されたわけですが、具体的に共産主義について、当時どのような考えを持っていたのですか。

林昭明氏　私は共産党員でもなく、共産主義者でもない。これは回憶文に書いてある通りである。ただ、中共（中国共産党）、特に周恩来に共鳴していた。周恩来は従来の少数民族に対する処遇などを自己批判し、少数民族自治やその文化保存を支援すると言った。他方、国民党は自らの失政のために大陸で中共に敗北したにもかかわらず、その恨みを台湾の少数民族に対してはらした。「一人の共産党員を殺すために、九九人を誤認して処刑してもかまわない」という態度であった。二二八事件後、私は社会主義者が全世界の被圧迫民族解放の先頭に立ち、植民地を解放すると考えていた。当時、私は少数民族解放と階級解放を同一視していた。少数民族運動はその根本に「救民族思想」を有する社会運動である。少数民族を救うことを目標に、『資本論』などを学ぶことを通して「左傾化」していくのは必然的なことでしたよ。

菊池　入獄していたのは何歳から何歳になりますか。拷問とそれに対する抵抗について他の具体例を含めてお教えください。

林昭明氏　私が入獄していたのは二二歳から三八歳までです。その後、公民権剝奪が一〇年間続き、約二五年もの間、迫害を受けたことになる。獄中では殴られても殴られても「三民主義」の歌をうたわなかった。拷問はひどいもので、「疲労拷問」では一週間も眠らせないというものだった。桶一杯の水を飲ませる。電気、爪抜き、爪の間に針を入れる、燃える薪の上に坐らせる。……拷問については、語り出せばきりがない。私は自らを否定しないため、また自らの尊厳を守るために、決して屈しなかった。ただ出獄前の最後の論文試験だけは、「三民主義」や「反共」について彼らの言った通りのことを書いてやったら満点であった。

菊池 林昭明さん自身も拷問された経験はありますか。

林昭明氏 私の場合、叩かれたり、殴られたりしたことはあるけどね。……ガソリンを飲まされた人もいた。

菊池 ガソリンを飲まされた人もいるのですか。

林昭明氏 おるよ。一ヵ月間位ガソリンを飲まされた人がいる。水を飲ませるのは普通の拷問だ。電流も普通の拷問だ。針を刺すのも普通の拷問だ。炭火の上に跪《ひざまず》かせるということもやる。女性のあそこを歯ブラシで削るというのもありますよ。酷いのだよ。そういう恐ろしい手段もあります。こうした拷問に堪えきれず、私の名前も出たのでしょう。……この時、私の名前が新たに出たわけではないんだ。だから、二、三年前、もう計画的に捕まえようと決めている。一九五〇年には名前があがっている。でも、私たちには、そのことが分からない。そこで、捕縛された。狭い所に二〇〜三〇人も突っ込まれた。寝る隙間もないくらいだった。暑くてパンツ一つでいた。死を覚悟して、衣服などを家に送った。家族は心配して、「なぜ送り返してきたのか」と聞いて寄こした。

菊池 日野三郎さんは保安司令部で、林昭明さんは保密局ですね。

林昭明氏 そう私は保密局で、中央に属する。これは戴笠なんかの系統じゃないのかな。

菊池　戴笠なら軍統、「藍衣社」、現在の情報局ですね。

林昭明氏　だから私が行った時に、保密局の人が「自分たちがやることに対して、他の人は誰も干渉できない。我々は保安司令部、陸軍司令部、憲兵司令部で決めたことや判決でもひっくり返せる。他が何と言おうが、我々が問題だと思えば、また捕まえることができる」、と威張っていたよ。いわば保密局が最高機関ですよ。後で国家安全局になった。

菊池　そうですか。保密局は保安司令部、陸軍司令部、憲兵司令部の上に位置するわけですか。それなら陳立夫の中統・「C・C団」（調査局）はどうですか。

林昭明氏　そういう機関が沢山あるんだ。「C・C団」も恐いが、保密局が最も怖い。他の機関が調査したこと、決めたことを一切聞かない。そういう特務機関です。保密局は本当に恐ろしい。保密局は東所、北所に分かれていた。東所はまだ誰も手をつけていない案件で捕らえられた人々を対象とし、北所はすでに案件が確定して捕まえた人々を対象とした。私が北所だった。というのは、蔡孝乾(3)が何でも自白させられた。蔡孝乾は元々は台湾人だが、中共の長征時期、大陸に行き、中共に入党した。そして、中共が台湾に派遣した地下工作の頭となって戻ってきた。蔡孝乾というのは中共の内政部長もやった人でしょう。ところが、蔡孝乾は国民政府に「自首」し、投降して何もかも暴露してしまった。その結果、台湾省解放委員会はもう逃げることしかできない。それを捕まえるのですよ。あの時は「二、三日でまた戻れるから」とか嘘を言って連れ出す。だから、あの時はね、相手が尋問する内容に対して「有」（肯定するか）、あるいは「没有」（否定するか）の二つしかない。「没有」と言ったら拷問だ。

菊池　「白色テロ」で逮捕された人数の正確な数字は分かりません。どの位の人数と思いますか。もしご存じでしたら、概数でいいのでお教えいただけたらと考えます。

林昭明氏　一九五〇年代から六〇年代にかけての「白色テロ」時期に、私が懲役一五年の判決を受けた時、自分と同時に判決を受けた少数民族が四〇名に及ぶ。内七名が処刑。他に平埔族三人も処刑されており、それを含めると計一〇人となる。無期一名、懲役一五年が三人である。五二年に「白色テロ」で逮捕されたのは台湾全体で約二万人であり、内四〇〇〇～五〇〇〇人が入獄した。結局、「白色テロ」時期の案件は総計二万九〇〇〇件に達し、処刑された者は「五〇〇〇人」とされている。しかし、これは氷山の一角に過ぎない。判決文なしで殺害された者、獄死させられた者、暗殺等々で分かっているだけで「約三万人」が殺された。もっと多いかもしれない。一説では「七万人」ともいわれている。こう見てくると、「白色テロ」で殺害された者は二二八事件よりも圧倒的に多く、重大問題であったことが分かってもらえると思う。

菊池　一九五二年くらいから捕まえ始めたということですね。「共産党員」というのは全て中国共産党員と考えてよいのでしょうか。もし、そうであるならば、大陸から派遣されてきた者と台湾で入党した者の比率などが分かればお教えください。

林昭明氏　もちろん中国共産党員のことである。台湾共産党は謝雪紅(4)が二二八事件後、大陸に逃げてから全くといっていいほど姿を消した。台湾共産党は日本共産党との関係が深いでしょう。ここでいうのは大陸の共産党、いわゆる中共です。例えば、中共から派遣されてきた者として、前にも言った通り「山地工作委員会主席」の蔡孝乾がいる。彼は元来「台湾人」、おそらく閩南人だと思うが、台湾から大陸に行き、中共に入党し、内政部長などの職務にあったと聞く。工作のため台湾に戻ってきた。大陸から入ってきた中共党員は一〇〇〇人近い。もちろん台湾で中共に共鳴して入党した者も多数いると思うが、その数は不明だ。なぜなら、国民政府は「異議分子」として共産党員のみならず、民主派や独立派、さらには少数民族までも包括し、それらを全て「共産党員」として処断したからだ。その中に実際の共産党員がどれだけいたのか分からない。

菊池　出獄後はどうでしたか。公民権が剝奪されていたのですよね。どのような仕事をしていたのですか。

林昭明氏　出獄後、「林氏学田」(5)というのがあって、経済的に支援してくれた。林鴻源（清末の大富豪である林維源と関係ある人物と考えられる）の孫である林鴻立が代表者であった。一年間、補習班に入ることができた。……公民権剝奪というと、海外には行けない。これは誰もが知っている通りである。だが、こんなものではない。警察がいつも付きまとい、私が台北で商売をしようとすると、警察が干渉した。ただ私は技術さえ身につければ、失業しないと考えていた。

一九七六年、私は獄中で知り合った仲間二人と、新竹で工場を始めた。二人は少数民族ではなく、外省人である。三人で合作して工場を経営した。台北に本社をつくった。一人が社長、一人が専務、そして、私が工場長・生産部長となった。まだ公民権を剝奪されていた時期ですよ。日本が香港に発注し、そこから私たちの会社に下請けに出された。生産したのは人形の頭と鬘などです。基本的な生産技術は日本の会社が香港の会社に伝達し、香港の会社から私たちの会社に教えられた。いわゆる技術移転です。これに、生産部長として私は種々の改良を加えた。例えば、人形の髪をポリビニールで柔らかくつくることに成功した。当時は柔らかい髪の人形はほとんどなかった。また、人形の髪を漂白し、種々の色に染め上げた。さらに、顔に実際に凹凸をつけるため削るのは大変な苦労であったが、一部に黒色などで隈取りし、それに熱処理を加える方法により大量処理できるようになった。このように、いろいろなアイディアを出した。こうした改良法は香港の会社を通じて日本の会社に認められた。人形は最終的にはアメリカに輸出された。工場はうまくいき、従業員約一五〇人を使用するまでに発展した。従業員はほとんどが漢人である。一五〇人中、半数が正規の従業員で、残りはアルバイトですよ。

菊池　日野三郎（中国名は林瑞昌）の長男である林茂成さんは、父ロシンの処刑後、かなり苦労されたようですね。彼は小学校の先生となったが、外省人教師に「嫌がらせを受けて辞めた」と言ってましたが、その後、勤めた会社は不動産関係会社の事務ですか。

林昭明氏　材木関係の業者です。不動産ではないね。山の檜などの材木を払い下げてね。伐採するために申請書を書いたりする仕事だったね。……日野三郎が処刑されたでしょう。その息子だから、嫌がらせをするんだな。例えば、当時、バス道路がない。家は角板山で桃園とか、あるいは台北まで毎日通わなくてはならない。毎日歩かなくてはならない。大変だった。日野三郎の息子だから、外省人は嫌がらせをした。例えば、代用教員をしていた茂成さんに対して、道路が整備されていない遠隔地に転勤を命じ、通勤できないようにし、退職に追い込んだ。そういう嫌がらせをした。「白色恐怖（テロ）」の時、例えば警察が、林茂成さんに対して日野三郎の息子だから「思想が悪い」と言った。わざわざ辺鄙で通えないところに転勤させて、「どうする？」と言う。自分の家の面倒をみられなくなる。体力的にも辞めざるを得なくさせる。これは国民党のやり方ですよ。このようにして淘汰する。

和夫さん　イジメだよ。……彼の父を「大陸のスパイ」、「共産分子」、「日野の子供」と言って、いじめられた。林茂成さんは国民学校教師の時、私にも教えてくれた。あの時、北京語ができるわけないでしょう。それまで私らは日本語を使ってる。北京語ができるわけないよ。急に大陸の連中が入ってきて、「日本語を使うな」、「北京語を使え」でしょう。

林昭明氏　台中師範学校の学生たちに対してですね。私と同じくらいの歳の人たちを対象に、「林昭明が台中師範学校に移籍して思想教育を注入した。共産党に加入させた」というようなデマを飛ばした。そして、台中師範学校を卒業した人間をわざと遠いところに転勤させ、嫌がらせをした。そういう方法でね。最後には「共産党と関係がある」と言って無実の罪で捕まえたこともある。

菊池　林茂成さんは台湾の師範学校を出たのですか。

林昭明氏　違う。台北の建国中学校卒業後、そのまま代用教員になった。当時、代用教員は沢山いた。日野三郎が政府に要求して、山地教員を特別に養成する目的で簡易師範科をつくった。そこを出た人は沢山いる。第一期、第二期、第三期、第四期くらいまである。その後、それを廃止して普通師範学校になった。

二　台湾原住民に対する呼称と角板山タイヤル族の起源

菊池　これまで台湾原住民に対する呼称として「高砂族」、「高山族」、「山胞」、「山地人」、「山の人」、「原住民」、「少数民族」など種々あってなかなか統一できません。林昭明さんも「高砂族」、「原住民」、「少数民族」などを種々使用していますが、呼称についてどのようにお考えですか。「高砂族」は日本植民地時代の差別的な呼称で、一般的に使わない方がよいとも言われていますが、どのように思いますか。

林昭明氏　「高砂」は日本ではおめでたい言葉でしょう。私の考えでは、固有名詞ということで「高砂族」という言葉はまだしもよいと思う。「高砂族」という言葉は本当に日本人による差別用語なのですか。それまで「蕃人」と差別されていたが、タイヤル族の抵抗運動であった霧社事件を契機に(日本は融和策に迫られ)、日本軍により「高砂族」と命名されたと何かで読んだ記憶がある。「高山族」は陳儀が命名した。「砂は高く積み上げられず、理屈に合わない。不合理」として「高砂族」を廃して、「高山族」に改めたとされる。

「高山族」、「山胞」、「山地人」の呼称は極めて不愉快である。「高砂族」の方がまだしもよい。なぜなら、現在でも平地に住み、漁業などをおこなう平埔族がいるのみならず、タイヤル族も元来、鹿港を中心とする台中平原で活動していた。平地の河川地域に住んでいたのですよ。外来族により次第次第に山の上に追いやられた。まず、オランダがゼーランゼブ城を中心に宗教教育をおこなおうとした。ところが、その後、閩南人や客家などの漢人(現在の本省人)が農業をもってやって来た。タイヤル族は山地開発などのため、鉄製品を必要とし、そこで漢人と物々交換をした。当初、問題はなかった。だが、漢人は農地を開墾し、拡大しようとして森を破壊する。タイヤル族は森を守ろうとする。こうして、タイヤル族と漢人との争いが絶えなくなった。結局のところ、タイヤル族は退かざるを得なかった。平地から丘陵、丘陵から浅い山、さらに深山へと登らざるを得なかったのですよ。私の五代前の祖先はまず霧社に辿り着き、そこで二つに分かれ、一八〇〇年頃、今住む角板山に来たのである。それを、「山胞」では、私たちがまるで昔から山地や高山に住んでいたかのような錯覚を与えるのではないですか。あまりにひどい。
私も使っているが、今、一般的に使用されている「原住民」という呼称がある[6]。これもあまりよくない。なぜなら、フィリピンの「原住民」、ハワイの「原住民」、アフリカの「原住民」等々、沢山あり、「原住民」だけではどこの原住民か分からず、あまりに抽象的である。「台湾族」ならかまわない。外省人も閩南人も客家も少数民族も皆一緒にして「台湾族」と名のる。平等でいいかもしれない。ただ、それではそれぞれの区別ができなくなるかもしれない。台湾は「蓬萊島」と言われたこともあり、「蓬萊」という言葉はおめでたい意味もあり、できれば台湾の少数民族には「蓬萊族」が最もいいと思う。

菊池　タイヤル族の起源、移動について出てきましたが、分かっている範囲でよいので、お教えください。

林昭明氏　タイヤル族は中国大陸から来たとされ、台湾の少数民族の中で最も古い。最初の発祥地はカラカス山脈、黒海周辺とされ、東に移動し、長江で合流後、北上し、黒龍江周辺で生活し、そこから台湾に向かったとされる。鹿港に上陸し、台中平原の沼地に進出した。その後、丘陵、浅い山に移動し、オランダ、鄭成功が来ると、深山に追われた。北港渓で追撃者を撃滅した。一〇〇年位前、タイヤル族は北方にも移動し始め、地域的に広がりを見せ始めた。北方移動の際、三人の指導者がおり、それぞれソコレット系統、ツオレイ系統、タロコ系統[7]に分かれる。角板山のタイヤル族は「純タイヤル族」と称されるが、太魯閣《タロコ》族と言語上、通じるところもあるが、違う点もある。このように、タイヤル族には三系統があるが、(角板山に至った)ソコレット系統は「奇萊山主峰→立霧渓→森→平地→復興渓」の最上流にある合歓山へと移動したとされている。

三　清朝劉銘伝の統治と角板山タイヤル族の組織機構

菊池　清朝時代とタイヤル族の組織機構についてはどうですか。

林昭明氏　頭目の息子が頭が悪かったり、能力がなかったら後任になれない。もし頭目の息子が能力のあった場合、自然になるよ。皆、賛成するでしょう。お互いに日頃から、人間がいいとか能力があるかとか、どういう人物か見ているわけだ。清朝末期のことであるが、私の祖父(曾祖父か)は総頭目であった。総頭目も民主的に協議により選ばれ、いわゆる世襲ではない。能力がなければ、総頭目の息子でもそれを継承できない。

澤大嵙崁渓前山鎮は、当時、大渓郡番地角板方面区で甲級監視区であった。そこは、甲級は警部、乙級は警部補が主管する。「ヨウハブン」(タイヤル語で「河の中洲」という意味)に派出所があった。ヨウハブンは現在は「遊霞雲」と書く。ここに拠点を置いていたが、総頭目は主に対外的問題を処理し、政治同盟や戦略、作戦を練った。その下には頭目がおり、頭目会議・部落連盟会議などを開催した。そのまた下には小頭目がおり、自治共同体の内部処理をおこなった。

日本が統治を開始した時、タイヤル族には二四部族があり、ガガ（Gaga）という共同体を基本単位にしていた。これには大中小があり、小部落は二〇～三〇戸（一戸当たり家族数は約五人）、中部落は四〇～五〇戸、大部落が八〇～一〇〇戸であった。各ガガの頭が頭目である。ガガは自治団体・労働扶助団体・共食団体で、また原始共同体時代のようなクリタン（狩猟団体）があった。ガガが連合すると、部落連盟になり、頭目会議を開催し、その全体を統括するのが総頭目ということになる。カブン（ヨウハブンのことか）では幾つかの村が連合した部落連盟のようなものが形成されていた。こうしたガガが発祥したのは合歓山時代である。共食団体とは、牛肉、山肉などを団体全体で分ける。もし他のガガからそうした物を提供された場合、返品として布や衣服を渡した。布や貝殻が貨幣のような機能を果たしていた。

菊池　清朝の巡撫劉銘伝時代はどうですか。

林昭明氏　清末、巡撫は劉銘伝(8)であり、総参謀は林維源(9)であった。彼らは山を焼き開墾し、そこを茶畑にした。その結果、大木は焼滅した。そこで、一八八五、八六年から五年間位タイヤル族と清朝軍は戦争となった。

その後、日本軍がやって来て、「武器を持ってくれば、米をやる」と言った。つまり米と武器を交換して、タイヤル族の武装解除をしようとしたのだ。日本が来た時、全タイヤル族が抵抗を開始した。日本軍の最初の攻撃は台湾北部であった。そこで枕頭山戦役があった。当時、枕頭山はジャングルで道のない状況であった。台湾総督府はタイヤル族から取り上げた土地を三井物産に払い下げた。日本時代、角板山には水田もあり、一九三一年には鉄線橋が架けられ、三四、三五年頃、例えば、渓口台には「感恩報謝」の碑が建てられた。これらの碑は国民党が来た後、打ち倒され、破壊された。

菊池　ところで、角板山の頭目が日本に行ったのはいつですか。一九四〇年頃ですか。

林昭明氏　そうですね。……父が最初に行ったのはいつだっけ。何回か行っているのですよ。

和夫さん　祖父も行ったしね。各部落に頭目は一人でしょう。

林昭明氏　いや、頭目はガガの頭だから……。頭目を補佐する「勢力者」という者もいた。

菊池　何人も頭目がいるようで複雑ですが、頭目はどのレベルでいるのですか。頭目は何人いて、どの範囲でいるのでしょうか。

林昭明氏　頭目の上には総頭目がいる。大頭目になると、いわば部族長官です。

菊池　部族長官は、全部で一人しかいないのですか。よく分からないのですが、大頭目と総頭目はどういう関係ですか。同じものと考えてよいのですね。

林昭明氏　日本統治時代ね、タイヤル族は二六部族（二四部族から増大か）があった。だから、二六人の頭目がいる。部族間で攻守同盟を結んでいるからね。そしてその下にね、ガガという共同体があって、そして部落連盟があるでしょう。

菊池　各部族の頭目がいて、それをまとめる総頭目がいると考えてよいのですか。また、部落連盟と部族はどういう関係にあるのですか。部落連盟の集まったのが部族と考えてよいのでしょうか。

林昭明氏　幾つかの部落連盟があって、大きくなると部族になる。ただし部落連盟は広い。ここの部族は一つの部落で形成されている。

菊池　角板山の部落連盟は一つですか。

林昭明氏　いや一つではない。同じ系統が固まる。幾つかの村の連盟がある。いろいろな関係があって一概には言えない。……劉銘伝の清朝末期ですね、この連盟はいくらでも拡大できますから。例えば、私の祖父は総頭目ですが、タクカン前山群の総頭目です。北部に移動してきたカンス系ですね、タクカン山ホウサン鎮ですね、タクカン前山群はトゲル山から北。……そこにトンネルがあって、それが境ですよ。その範囲が前山群ですよ。

菊池　私が聞きたいことは、総頭目がいて、頭目がいますが、部落連盟長は頭目の上ですか、それとも下の地位ですか。

林昭明氏　ガガは一つの自治団体みたいなものです。その頭が頭目で、内部の自治問題を処理する。大きい問題は大頭目、総頭目が処理します。これは頭目会議があり、壇上に上がって演説したりする。例えば、総頭目は政治問題が起こった時、政治、軍事問題を決定して攻守同盟を結ぶ。だから原則的に頭目内部の問題には関係しない。処理できない時に対処する。それは対外の問題を処理する。例えば、ある勢力が我々の領域に無断で勝手に入ってきた。すぐに追い出さなくてはならない。そうした作戦や戦略などを決める重要会議を開く。だから日本と衝突することもあった。部落連盟の長は頭目です。これは中間攻守同盟だから、部落連盟の下に小さな同盟があって小頭目がいる。部族連盟は部族間の友好などを決定する。……幾つかの部落でまとまった話を各頭目が代表となって持ってきて頭目会議で話し合う。部落連盟の対象が清朝や日本であった場合、頭目会議では処理できない。その時は総頭目が出てくる。

菊池　ガガという共同体を基本単位にしていたということですが、それを構成する共食団体と狩猟団体は同じものと考えてよいのですか。

林昭明氏　ほぼ同じで重なっている。共食団体はニカンといって……。ニカン、コトニカン。コトというのは一つという意味です。コトニカンは犠牲団体ともいうのですよ。例えば、結婚の時ね、お互いに結納をやりとりする。結納というのは、豚肉か牛肉か、あるいは山の獲物ですよ。それにピンプタンという「珠衣」（衣に玉を幾つも縫いつけたもの。それによって豚や牛を買うことができた）があり、貨幣と同じ働きをしていた。それを持ってきた場合、分けます。そのコトニカンで分けます。サパツは、例えば、私の娘が嫁に行く場合に、男の方からもらった「結納金」みたいな物です。ただしお金ではなく、肉などで、それを皆で分けます。この団体で分けるので、共食団体という。

嫁の家で独占しない。そして、そのお返しに、娘を嫁に出す私の方や共食団体から織った布とかを持たせ、土産としてあげます。

菊池　そういうものを返すわけですか。

林昭明氏　共食団体にもあります。お土産としてはね。そのような団体だから経済生活上、互いに供出しあう。これが一つの自治団体として機能しているわけですね。ところが、政治は対外関係が入ってくるので少し違う。

菊池　対外的な問題の時ですね。

林昭明氏　だから作戦もやれる。例えば、清朝末期ですね。それから日本が来た当時、その範囲が広くなっています。小頭目では対処できない。

菊池　そうすると、総頭目の林昭明さんの曾祖父ワタン・シアツはどういう役割を果たしたのですか。

林昭明氏　「外族」に対しては、代表部族がその他の部族と連合して対抗しなくてはならない。日本も、その前の劉銘伝の部隊も「外族」ですよ。その時に劉銘伝はトンネルがある蕃界を越えてね。「蕃人の住んでいる土地を返す」という名目でやって来た。最初は、三大隊か四大隊で兵隊二〇〇〇名位を引き連れて、トンネルを越えて枕頭山の方に行った。そして、タイヤル族の住民たちに「あなたたちの武器と交換に米をあげる」とか「何でもあげるから」とか言った。これは陰謀だった。

最後には「この囲いから外に出てはいけない」と命じた。……その後、ずっとタイヤル族の領域に入り込んできた。当然、タイヤル族は戦った。連合して全部追い出した。その時に私の祖父（曾祖父）が太渓まで押し返した。この時、清朝劉銘伝の兵隊が沢山死んでいるんだ。これは清末、一八八五年、一八八六年から始まった歴史的な事実ですよ。

菊池　「蕃界」とは何ですか。

林昭明氏　「蕃界」とは、清朝の法律が行き渡らないところを言う。すなわち、少数民族の領域ですね。平地人は木を切り、耕すでしょう。それに対して山の人は狩猟のため、木を守る。その境界を「蕃界」、タイヤル語では「アトアギュカ」という。茅のような植物が生えている。茅には棘がないけど、この植物には棘がある。植物の正式名は分からない。平地人は境界から我々の領域を侵して樹木を伐採し、耕そうとする。

菊池　その境界で紛争が起こるわけですね。

林昭明氏　鄭成功の王朝は清朝に敗れた。だが、清朝軍は道がないところに入ると、タイヤル族にやられる。

和夫さん　あの時のタイヤル族も強いね。野戦ね。道がないところは、平地人は慣れていない。タイヤル族は山豚狩りをしているからね。慣れている。

菊池　ジャングルですからね。今と異なり、道がないからゲリラが威力を発揮するのですね。……

ところで、「山豚」は猪とは異なるのですか。

和夫さん　山豚は猪のこと。家で飼ってるのは普通の豚ですよ。

林昭明氏　あの当時はすごいよ。トンネルから枕頭山辺りまでみな焼いたよ。「開発するから」と言って、すべて焼いてしまった。劉銘伝が山を焼いて開墾するんだ。

和夫さん　だから、あの辺りは大きな木がないのか。

林昭明氏　そう、ないでしょう。楠木（写真22）はあった。あの時、樟脳採取は盛んでした。……三峡の山を焼き尽くしたんだ。台北から見えますよ。そして、樟脳をとった後は楠木を伐採して、茶の木を植えたり、葉を染物にする樹木を植えた。その他、石炭を掘った。

菊池　この辺は石炭がとれるのですか。

写真22　山焼きの時，樟脳をとるため楠木は除外，もしくは植樹した。角板山に今も残る楠木（筆者撮影）

林昭明氏　台北州の海山炭坑（三峡）がある。それから慈湖の辺りも炭坑があった。石炭は価値がある。このように、この辺は農作物や茶などがあり、石炭のような地下資源もある。

和夫さん　元来、「山の人」は茶を飲まないでしょう。

林昭明氏　茶は飲まない。「山の人」は水ですよ。

四　日本植民地時代

(一) 日本による土地略奪

菊池　日本に土地を奪われるが、具体的にどのような状況だったのでしょうか。

林昭明氏　日本は三井物産に資金を出させて我々を討伐した。そして、台湾総督府の政策で、我々の土地を知らぬ間に三井物産に資金を出させて払い下げた。だから我々が帰ろうと思っても土地が三井物産の所有になっている。我々を移住せざるを得なくするため、三井物産が一戸当たり何円とか資金も出している。だから、帰ろうと思っても家も土地もない。移住せざるを得なくなったんです。どうしても「安置」(部族を安定・定住させること)する必要がある。結局のところ志継から追い出され、移動し、食料、生活を考えて定住した。……そうなると、他部族と合流する可能性もある。だけど、代表部族会に他の部族を入れて一緒になったら、部族と部族とは反りが合わず、危ないから勢力を分散させた。他部族も代表を出したがるので、問題が生じるのですよ。

(二) 霧社事件

菊池　霧社事件の時、北部タイヤル族はどのように動いたのでしょうか。

和夫さん　昔は太魯閣《タロコ》族はタイヤル族に属すとされてきたが、現在は別民族とされている。霧社事件当時、タイヤル族とされていた太魯閣族は南投県霧社を応援に行くつもりで、一ヵ月計画を立て、準備中であったが、事件が早く終結したため、実現しなかった。

林昭明氏　霧社事件の時は北部タイヤル族は動かなかった。何故かと言えば、日本は「授産」政策に成功していたからですよ。日本人は北部タイヤル族に稲作などの農業、造林などを教えたのですよ。

（三）高砂義勇隊

菊池　高砂義勇隊が有名ですが、日中戦争との関係はどうでしたか。

林昭明氏　中国大陸にはほとんど戦争に行っていない。台湾の少数民族の少壮青年は主要に南洋に送り込まれた。青年は主にレイテ、ニューギニア、ガダルカナル、ビルマ等々に送り込まれたのですよ。少数民族はゲリラ戦や山岳戦が得意であり、食糧を持参しないでも何とか生き抜ける。水がなくなっても、草の茎などから水分をいかに補給できるかを知っていた。これらの知識を日本兵に教えた。また、戦地で少数民族は大変勇敢であった。なぜなら勇敢さを示すことで少数民族の地位を向上できると考えたからですよ。これは、とりも直さず子孫のためでもあった。結局、少数民族の中でタイヤル族が多かったが、南洋から少数民族は一〇人に一人しか台湾に帰還できなかった。(10)

可哀相すぎる。悲しいことだ。

菊池　ニューギニアなどでは食糧不足が有名です。高砂義勇隊は食料調達に活躍したとされますが、具体的に教えていただけますか。

林昭明氏　銃でワニを捕った。ワニは甲羅が堅いので胸を狙って撃つ。その他、トカゲ、ネズミ、鳥を捕った。この辺には駝鳥もいた。大きな鳥なので食料としては重宝した。その時、食い物がないんだ。食物がない場合、隊長は大体その状況が分かるでしょう。「これ（人の遺体）を肉にして持ってこい」と命令する。ニューギニアっていう島は他の島と同じで、それほど食糧になる動物が多いわけじゃないですよ。ワニはいるよ。私の叔父もそこに行った時、ワニを食べた。駝鳥、トカゲもいる。ネズミはどこにでもいる。駝鳥は大きいし、ものすごい速いらしいんだ。

菊池　なかなか捕まえられない。ニューギニアに駝鳥がいるんですか。

林昭明氏　いるそうだ（駝鳥ではなく、おそらくカズワル、すなわち「火食鳥」のことを指していると考えられる）。トカゲは沢山捕ったと言ってたよ。ワニはね、胸は結構柔らかい。そこを狙う。

菊池　それは吹き矢や弓でやるのですか。

和夫さん　銃だよ。ワニの皮は弾も入らないくらいだ。

林昭明氏　でも腹の方は柔らかい。大きいトカゲもいた。これらで食糧を補充した。

菊池　大体分かりました。こうした動物は捕れるけれども、常に捕れるとは限らない。日本軍の兵隊は大量にいて、それでは間に合わず、飢餓状態に陥るということですかね。……さっき少し話が出ましたが、ニューギニアでは人肉も食べたという噂がありますよね。

林昭明氏　食べた人も、食べない人もいるのですよ。

菊池　高砂義勇隊は独立部隊として存在したのですか。

林昭明氏　もちろん大部分は一部隊くらいの組織があったが、一小隊に何名か、四〜六名とか配属されるというところもあったらしいですよ。いわば高砂義勇隊で一部隊を形成するのではなく、各部隊に五、六名が配属されることもあったのですよ。「山の人」は山岳戦が得意だった。

和夫さん　台東の原住民が言っていたが、アメリカ兵に対して「山の人」は弓矢でも戦う。

菊池　以前、緑さんが「タイヤル族のおじいさんの足が大きくってびっくりした」という話をしていました。ニューギニア戦線でも素足で歩き、音をたてずに敵に接近戦を演じたといわれていますね。では、女の人は戦争には行っていませんが、やはり足は大きかったのですか。

林昭明氏　あの時、タイヤル族の男は皆、裸足で歩いて、それで大きくなって皮が厚くなってね。女はあんまり山歩きをしない。果物採りなどしかしない。だから、そんなに大きくならない。

(四) 伝統的医療とロシン・ワタンの山地医療活動

菊池　伝統的医療と「巫婆」との関連について教えてください。

林昭明氏　「巫婆」が病気を治す。まじないは主に女がやる。男もいるが、少ない。瑪瑙《めのう》の丸い玉など道具を使う。弓の柄をつくる割った細い竹を上に付け、もう一本の竹（割っていない）と組み合わせて〝T〟の字にする。そして土の絨毯にさして固定し、竹の溝の上に直径一センチ位の小さな丸い瑪瑙を乗せる。そして、呪文を唱える。そうすると、瑪瑙が自然に転がるでしょう。これが落ちなかったら「好い気」で病気は治る。落ちたら駄目。それで呪文を唱える。それでも、うまくいかない場合、「巫婆」が「悪霊が憑いている。そして、何か供え物しなくてはならない」と言う。そして、ニワトリとか、織物とか、豚とか、牛とかを要求する。

菊池　そういうものは誰にあげるわけですか。占いした「巫婆」にあげるわけですね。

林昭明氏　神様。もちろん実際は、「巫婆」がもらう。それでも治らなかった場合もある。

菊池　こういう人は沢山いたのですか。

林昭明氏　「巫婆」に誰でもなれるかといえば、そういうわけではない。呪文を習わないとなれない。教える人がいた。……私の母がこれをやってましたよ。祖母が「巫婆」で、母にそれを教えるというか、伝えた。それで母は自分も息子、つまり私にも伝えた。だから、私は知っているのですよ。丸い瑪瑙も見た。真っ白の瑪瑙ですよ。丸く磨くのですよ。……私ね、小さい時ね。完全には夜が明けていない頃、道を歩いている途中、何というか凄い音がした。「鬼」からおどされた。それで、びっくりして帰ってね。そしたら母が「どんな状態だった」と聞くので、「こういう状態だった」と説明した。すると、母が私を寝かせ、手をとって、私の着物を持って「呼び戻しなさい」と言った。こうして、魂を呼び返した。母はニコニコして「もう大丈夫だから」と言った。私も「エッ、治った」と思った。子供の頃だから、本当にびっくりした。

菊池　金縛り、もしくは虚脱状態ですかね。「鬼」っていうのは「霊魂」ですか。

和夫さん　「霊魂」によって、変な病気になることもある。

林昭明氏　まじないをやったら、病気が治ったことも本当にあるんですよ。気持ちの問題ともいえるが、非常に不思議なところもある。

菊池　精神的問題もあり、全面否定はできないということですか。

林昭明氏　当時、医者がいないでしょう。

菊池　では、タイヤル族の「天国」、すなわち「アトハン」とは一体どのようなところなのでしょうか。

林昭明氏　祖先の霊、懐かしい人々が沢山にいて、幸福なところです。鹿や猪も沢山いて食糧にも困らず、狩猟地域などで争わなくてよいところでしょう。

菊池　ロシン・ワタンの医療面での意義をどのように考えますか。

林昭明氏　日野三郎さんは医者になり、各部落にまず先に行く。なぜなら、日本人は原住民に信用されていないからですよ。日野さんは迷信打破に尽力し、特に衛生問題に力を入れた。マラリア、赤痢、流行性感冒、百日咳などの撲滅に積極的に活動した。日本時代、日本赤十字病院があり、それがバックアップした。また、簡易師範学校の建物を使用して医療活動を実施した。

菊池　日野さんは独学で医者になったのですか。

林昭明氏　違いますよ。総督府下の台北医専を出ましたよ。正式に医学を学んでいます。正式な名称は台北医学専門学校、今の台湾大学医学部ですね。

和夫さん　医者は宇津木先生（タイヤル族）と日野さんと二人だけだね（**写真23・24**）。

林昭明氏　本来は部族頭目の息子を医者にしようとした。ところが、この人は身体が悪くなって、医者になるのを辞めた。

写真23　右が日野三郎（ロシン・ワタン），左が宇津木一郎（バジュン・ウスン）（林茂成氏の提供写真）

和夫さん　日野三郎だけになったから、また原住民の中から人を捜して宇津木先生を医者とした。日本の政策としてはこの人たちを政治的に利用するわけです。医学の技術をもった人間がいると、「山の人」の病気を呪術で治すのを止めることができる。

菊池　「迷信打破」、いわば近代化政策ですね。衛生問題の解決にも有効ですね。

写真24　ロシン・ワタン夫妻と宇津木一郎夫妻，妻はどちらも日本人（林茂成氏の提供写真）

林昭明氏　新しい医学で病気を治す。これは日本統治下で政策を遂行する上で非常に大きな影響があるわけですよ。病気を治すだけではなく、医者の話をよく聞くようになる。例えば、どこどこの部族が反抗した。これを説得するため、真っ先に行くのは日野三郎のような人ですよ。信用されている。日本人が直接言っても聞かないでしょう。……結果的に文明社会に適応できるように教育することになる。

和夫さん　「以蕃治蕃」だ。

菊池　近代的医学の導入は具体的に多くの病気を治すことができたのですか。

林昭明氏　マラリア、風邪とかは治すことができた。当時、赤痢は薬がない。それで、浣腸するのですよ。直接効く薬はなかった。また、ヘビに噛まれた場合、血清が必要でしょう。台湾でしかできない血清もあります。毒蛇がいますから、その毒から血清を作ります。

菊池　赤十字病院は日本植民地時代に台湾にありましたよね。

林昭明氏　ありました。

五　角板山の現状について

菊池　角板山についてお聞きしたいのですが、ここは元々、タイヤル族の地域ですね。もう漢人の方が多くなっているのですか。戸数、もしくは人口比はどの位ですか。

林昭明氏　ここは桃園県復興郷澤仁村であるが、例えば、（一九九九年段階では）復興郷全体で七〇〇〇人のタイヤル族に対して漢人は四〇〇〇人以上である。だが、澤仁村に限って言えば、すでに逆転しており、タイヤル族二〇〇人に対して漢人は四〇〇～五〇〇人に達している。タイヤル族は全台湾で八万人である。アミ族に続く第二番目の少数民族ですよ。

ただ、残念なことに人口は増えていない。これには原因がある。タイヤル族の娘は好まれる。外省人や台湾人（本省人の閩南人、客家）の青年との結婚が増大している。戸籍は男系であるため、外省人、台湾人の戸籍に吸収されてしまう。それを望む娘もいる。こうして子供はタイヤル族ではなく、漢人になってしまう。逆はない。つまりタイヤル族青年が外省人、台湾人の娘と結婚する例は稀である。因みに台湾総人口は二一〇〇万人に達しているが、少数民族は三五万人、僅かに約一・七％を占めるに過ぎない。ただね、漢人とはいえ、タイヤル族など少数民族の血が入り、子供は混血という形で少数民族は実数よりも増大しているともいえる。

菊池　国民党にひどく苦しめられた歴史があるにもかかわらず、なぜ原住民は国民党に入党し、また選挙で国民党を支持するのでしょうか。

林昭明氏　その理由は種々あるが、例えば少数民族が公務員や教員になりにくい現状があるからですよ。もし、運よく公務員や教員になれても主任などになり、職場で出世することは難しい。そこで、生活の安定、もしくは地位の向上を目指して国民党員になる者が多いのですよ。また、選挙の時は意見をすぐに政治に反映させるためにも国民党から立候補する者が多い。民進党や無党無派として立候補する者もいるが、極めて数が少ない[11]。

菊池　戦後、原住民の宗教はキリスト教が多いと聞きますが、そうですか。

林昭明氏　少数民族のほとんどがキリスト教徒ですよ。昔、ベルギー、オランダ、およびイエズス会などの宣教師が熱心に入ってきて布教した。彼らはタイヤル語も話せ、大変熱心だった。日本時代は天皇、そして、キリスト教ではキリストですね。そして、我々タイヤル族は祖先信仰であり、「天は太陽、地は水」、すなわち、太陽と水が生命の根源であると考えている。だから、ある時は天皇、ある時はキリストであっても、タイヤル族は天皇、キリストと「太陽」を重ね合わせ祈った。時代が変わっても祖先、太陽、水への信仰は一貫して微動だにしない[12]。

菊池　近い将来、もしくは未来がどのような世界になることをお望みですか。

林昭明氏　各民族が自分の民族や文化だけでなく、他民族やその文化を尊重することでしょう。少数民族の固有文化と自治はやはり認められるべきでしょう。始めから融合しようとしても無理ですよ。「族権語らずして族群の融合なし」ですよ。台湾では、今頃になって多元的文化の意義を認め、少数民族文化の保護育成も主張され始めているが遅すぎる。五〇年前にやればよかったのに、現時点では全て忘れてしまった。

主流民族文化と少数民族文化は一方の命令によるのではなく、接触により新しい文化の組立がおこなわれ、部分的には淘汰されていくのがよい。すなわち、平等な形で互いに学び合いながら文化を発展させていくという姿勢が大切だと思いますよ。遠い将来、結局、人類は民族を越えて一つになっていくのかもしれない。ただ民族的特性も失い、完全に一つになるのは味気ないかもしれないね。

【註】

（1）『興南新聞』は植民地台湾で出ていた新聞なので、日本批判は極力押さえられており、割り引いて考えなくてはならないが、現地で出ていた新聞として「高砂族」を考察する場合、一定程度、利用可能と考えられる。『興南新聞』（一九四二年八月一七日）によれば、三〇年霧社事件を起こした後も、大小各種の事件が勃発したが、三三年四月高雄州のプナン族二〇〇名の帰順を最後に皇民化し、どんな奥地でも「君が代」や「国語（日本語）練習」の声を聞かないところはないという。

（2）林昭明氏は以下のように言う。すなわち、台湾原住民族は一六二四、二六年にオランダとイスパニアが台湾に植民地拠点を築くまで「台湾唯一の主人」だった。その後、四〇〇年来、外来の植民地政権による統治圧迫を受けた時代と見なし、「オランダ、イスパニア人に続いて、中国漢族鄭成功王朝、満清政府、日本帝国、国民党政権が次々と台湾に進駐してきた」（林昭明、前掲「台湾少数民族的民族解放運動」『二一世紀東ＡＳＩＡ平和와人権』所収）、と。このように、戦後の国民党政権を含めて、次々と絶え間なく外来民族の支配を受けてきたと述べているのである。これはタイヤル族の立場から見た台湾史であり、一つの重要な歴史観として、こうした見解も当然成り立つ。

（3）台湾出身の蔡孝乾は延安にいたが、一九四五年八月、中共中央は「台湾省工作委員会」書記として台湾派遣を決定する。蔡孝乾の任務は台湾の労働者、農民、革命的知識分子を結集し、人民解放軍と共に台湾解放を勝ち取ることにあり、また活動の一つに「高山族」の組織化があった。だが、四九年一〇月から五〇年二月にかけて蔡孝乾らは逮捕されてしまった。蔡孝乾、陳澤民らは転向して解放されたが、台湾籍の二人が処刑され、かつ外省人、台湾人各二人が懲役一五年となった。蔡孝乾は「対高山族工作」は「失敗だった」と総括し、それは「平地と同じ方法を山地に持ち込んだからだ。単純な考え、簡単な生活、現実的で、秘密を守ることには慣れていない。こうした彼らの特性を把握していなかった。政治意識の煽動などとんでもない」と供述したという。おそらく蔡孝乾の自供、投降により大被害を受けた原住民側からすれば、「高山族」の特徴に関する発言は納得がいかないであろうが、少なくとも中共の「高山族」組織化は成功しなかったことの傍証となる。なお、蔡孝乾は転向して出獄後の五〇年五月、ラジオで自らの行動を省民に「懺悔」したという。八二年死去（中村ふじゑ「阿里山麓のツオウ族の村を訪ねて」〈下〉、『中国研究月報』第五五二号、一九九四年二月）。なお、中村ふじゑの同前文章は紀行報告文であるが、問題意識をもって聞き取り調査し、「山地工作委員会案」にはツオウ族側からアプローチしており、参考になる。

（4）謝雪紅（一九〇一―七〇）の略歴は以下の通り。台湾彰化出身。一二歳で父母が他界し、貧窮な生活を送った。一七歳で精糖工場の女工。その後、日本に行き、商売、日本語と漢文を学ぶ。一九二一年、台湾文化協会で識字運動と婦女啓発運動に参加。二四年、第一次国共合作下で両党合弁の上海大学入学、さらにモスクワ東方大学で学ぶ。二八年、上海で台湾共産党を組織するが、日本の警察に逮捕され、台湾に強制送還。その後も活動を続けたが、三一年に台湾全土での台湾共産党捜査で逮捕され、懲役九年。日本敗戦後の四七年、二二八事件の際、三月二日台中での大会で主席。三日、台中地区治安委員会本部が設置され、二七部隊の総指揮。九日、国民政府軍が上陸した際、香港に逃亡し、台湾再解放同盟を組織。その後、すぐに上海に移り、台湾民主自治同盟を結成。四八年、同主席の身分で「中共上層部」（人民政治協商会議のことか）に入るが、五七年中共の粛清対象とされ、六八年、文化大革命中、紅衛兵により激しく殴打された。七〇年、肺ガンで死去（呉密察監修、遠流台湾館編著、横澤泰夫編訳『台湾史小事典』中国書店、二〇一〇年増補改訂版、一九八頁参照）。

（5）支援財団である「林氏学田」は過去の林本源と何らかの関係があるようにも考えられるが、定かではない。

（6）一九八四年末、台湾の原住民族が知識青年を中心に「原住民権利促進会」（いわゆる「原権会」）を発足させた時、初めて他から押しつけられた名ではなく、自ら「原住民」という呼称を決定したのだという（中村ふじゑ、前掲「阿里山麓のツオウ族の村を訪ねて」〈上〉、『中国研究月報』第五五一号、一九九四年一月)。ただし林昭明氏は「原住民」という呼称に満足していないようである。
(7) タロコ系は花蓮の太魯閣周辺の原住民。現在は、学説的にタイヤル族とは別民族に分けられた。タイヤル族か否かの基準は言語、首狩りや入れ墨など風習、文化上から区別したとされる。
(8) 劉銘伝(一八三六年九月七日―一八九六年一月一二日)は清末の軍人で、洋務派官僚。一八六二年、李鴻章の淮軍に参加、太平天国を鎮圧。その功で直隷提督。八四年清仏戦争の時、台湾防衛を命じられ、台湾からフランスを撃退。八五年、福建省から分離され、台湾省が新設されると、初代の台湾巡撫に就任。行政・税制の整備、鉄道・電信の敷設、鉱山開発(煤〈石炭〉務局など)、学校開設、および台湾防衛のため砲台構築を実施し、洋務派官僚として手腕を発揮し、台湾の近代化を推進した。だが、財政負担の激増、官僚による汚職腐敗などもあり、民衆の反発を誘発した(徳岡仁「劉銘伝」、山田辰雄編『近代中国人名辞典』霞山会、一九九五年、五一三~五一四頁など参照)。このように、洋務派の劉銘伝は台湾の近代化・インフラ整備を推進し、それを基盤として日本植民地下での近代化が進められたと考えられる。本書のテーマではないが、双方の歴史的関連、継続と断絶、共通性と差異の解明は重要な研究課題となるであろう。
(9) 林維源(一八四〇年二月二一日―一九〇五年六月一六日)。富商・大地主・官僚。清末台湾の大地主一族である「林本源」の中心人物。劉銘伝が初代台湾巡撫に就任した時、五〇万両を献金し、内閣侍読などの官位を得た。洋務運動に協力。「開山撫番事業」(原住民地域における荒地開拓)で台湾全島の責任者となり、全台撫墾局を大嵙崁に設置。「林本源」の所有地を増大させ、かつ台湾の代表的な輸出品である樟脳の生産によって莫大な利益を獲得した。また、対米輸出品としての茶生産にも着手、淡水に茶貿易会社を設立、台湾最大の茶商となった。その他、基隆港の建設、基隆から台北までの鉄道敷設を総弁・督弁として担当。日清戦争の勃発時、督弁全台湾国防大臣に任命され、防衛費として四〇万両を拠出(栗原純「林維源」、同前『近代中国人名辞典』四八二〜四八三頁など参照）。「台湾民主国」の議院議長に就任した説と、それを拒絶したとの二説がある。ともあれ日本への台湾割譲後、廈門に逃れ、そこで死去。上記の林維源の略歴をタイヤル族側からアプローチし直すと、新たな視点が見えてくる。

（10）高砂義勇隊は自らの育った台湾の環境から、ニューギニア等のジャングルに適応でき、マラリアに罹らず、籐や椰子から水分を採り、アメーバー赤痢にならず、なってもすぐに回復したという。その上、ゲリラ戦に適し、四〇キロもの荷物を持ち搬送する体力、野豚、鳥、魚、果物等の食料探し、身辺の警護、湿地帯での寝床、道案内などにも力量を発揮した（元小隊長・上野保「第五回高砂義勇隊を引率して」、林えいだい編『台湾第五回高砂義勇隊―名簿・軍事貯金・日本人証言―』文栄出版、一九九四年所収、二六八、二七七頁など）。『興南新聞』夕刊（一九四三年四月二四日）は「現地部隊長」が「高砂族義勇隊」の「超人行動」を絶賛したとの記事を掲げ、地勢の偵察、樹木の伐採、軍用道路の開設を不眠不休でおこない、作戦に「多大の貢献」をしたとする。彼らは日本軍の腕章をつけることを誇りとし、命令に従順で、かつ日本軍人より勇敢、敵の中を通っていく搬送も拒否せず、むしろ自ら志願して任務を果たした。こうした勇猛さから「高砂義勇兵」一〇〇人からなる「猛虎挺身隊」も結成され、オーストラリア軍に対してゲリラ戦を挑んでいる（元主計中尉・矢羽田直夫「第二十七野戦貨物廠」、成合正治・第十八軍参謀少佐「ジャングルの遊撃戦」、林えいだい編、前掲書所収、一九一、二二四、二三八頁）。元小隊長・上野保は、「高砂義勇隊」第一〜七回の計二五〇〇人の内、何人が台湾に生還できたか不明という（上野保、前掲回憶、二七九頁など）。なお、『興南新聞』（一九四二年七月三一日）によれば、その適性を生かし、台湾総督府理蕃課で計画を進め、東南アジアの日本軍占領地への「高砂族」移住を検討していた。樺太、北海道の屯田兵制度と同様な形態で、日本軍管轄下で家族を含めて「高砂族」約一万人に農作物栽培をさせ、永住させるという計画であったという。

（11）現在、台湾政治の流れが大きく変わっており、国民党を見限った原住民の民進党支持が増大している。筆者は二〇一六年三月に蘭与島を訪問したが、当地の原住民であるヤミ族（現在、達悟族）も国民党を見限り、総統選挙で民進党の蔡英文（彼女の祖母は原住民と聞いた）を圧倒的に支持しているという。蔡英文の蘭与島訪問は日帰りであったが、総統候補者が初めて訪れてくれたと感激している模様である。

（12）緑さんによると、林昭明氏は熱心にキリスト教会に通うキリスト教徒だという。同時に自宅には祖先を祀る祭壇があった。このように、複雑で、多神教のようにも見えるが、林昭明氏は「祖先、太陽、水への信念は揺らぎない」として、タイヤル族の誇りの核を心の根底に有しながらのキリスト教徒のようである。

【証言3】黄新輝氏に対するインタビュー
ニューギニアの高砂義勇隊について

はしがき

筆者はタイヤル族研究を深める上で、是非とも高砂義勇隊関係者に直接インタビューをしたいと考えていた。和夫さんによると、「高砂義勇隊に参加した人に新竹中学時代の同級生で、日本名は『山田』（簡福源）が烏来にいてとても詳しい。紹介しようと思っていたけれども、昨年（二〇〇九年）亡くなってしまった。そこで、いろいろ考えたところ、黄新輝さんを思い出した」と言う。

二〇一〇年三月二〇日、筆者は和夫さん、緑さんと自動車で、黄新輝氏の自宅（桃園県復興郷三民村）に向かった。こうして、インタビューを黄新輝氏の自宅でおこなった（写真25）。当時のことを鮮明

写真25　黄新輝氏と筆者

に記憶しているようであった。それだけ強烈な体験であったということであろう。会うとすぐに、黄新輝氏は「高砂義勇隊の精神は『戦いを知り、死を知らず』です。この精神で戦った」と言った。そして、「義勇隊の歌」の手書きの紙を渡された[1]。

また、その後も二、三回お会いしたが、最後にインタビューをしたのは二〇一一年三月二五日のことである。高齢で足が悪いにもかかわらず、私に会うために、バスで出てきてくれた（写真26）。その熱心さと誠意に頭が下がる思いがした。その時、内容の再確認と質問をした。耳が遠くなり、私の質問が十分聞き取れなくなり、「本当にもどかしい」と悲しそうに言った。その他、一、二回お会いし、幾つかの質問をした。

その後、黄新輝氏が亡くなり、二〇一五年三月二二日キリスト教（「真耶蘇教会」）による葬儀に出席した。公民館のようなところで開催された葬式は日本で考えるような厳粛なものではなく、七〇～八〇人の参会者は平服を含め、リラックスした各種の服装をしていた。黄新輝氏は本書の出版を大変楽しみにしていた。生前にお渡しできなかったことは本当に残念である。

写真26　インタビューを受けるため，バス停に着いた黄新輝氏（筆者撮影）

一　黄新輝氏の略歴と出征時期の状況

菊池　お生まれはいつですか。
黄新輝氏　大正五（一九一六）年一月四日生まれです。
菊池　タイヤル語の名前は何と言いますか。
黄新輝氏　ロシン・ユーラオ。
菊池　日本名はありますか。
黄新輝氏　「啓田宏」です。
菊池　和夫さんとは親戚関係になるのでしょうか。
黄新輝氏　和夫の祖父コーミン・ブーハイの弟ユーラオ・ブーハイが私の父である。つまり和夫の父と僕は従兄弟です。
菊池　略歴をお聞きしてよろしいでしょうか。
黄新輝氏　僕は高等科六年、研究科二年を出た後、農業学校で一年間勉強し、さらに青年中学に三年通った。青年中学の時、会計の資格をとった。結局、学歴は農会の期間を除くと、一二年間です。青年中学は主に日本人が入る学校で、日本人以外には僕を含めて二人おり、二人ともタイヤル族であった。でも、彼はもう死んだよ。多くの者は学校に行っていない。

菊池　では、今回のインタビューの目的である高砂義勇隊について質問を始めたいと思います。

黄新輝氏　復興郷には義勇隊関係では三光村にも一人いたが、死んでしまい、現在、生き残っているのは僕一人になってしまった。

菊池　黄さんはいつ、台湾のどこから乗船しましたか。向かったのはどこですか。

黄新輝氏　昭和一七（一九四二）年四月二六日に高雄で船に乗りました。二六歳の時です。だいたい台湾から三日位かけてマニラに行き、そこからパラオに行った。僕たちが乗った輸送船は駆逐艦によって護送された。

菊池　第何回目の高砂義勇隊ですか。

黄新輝氏　第五回高砂義勇隊です。正式名称は「南海派遣猛二六八九部隊第五回高砂義勇隊」です。私は第五分隊長であり、作戦中、第三小隊長となった。角板山のタイヤル族からは四八人が出征しました。

菊池　パラオに集結してすぐに戦闘に入ったのですか。

黄新輝氏　いや、パラオで一ヵ月間訓練を受けた。義勇隊は第一線兵士、それから爆破隊、戦闘隊に分けられた。僕は爆破隊で、一ヵ月間、爆破訓練を受けた。例えば、爆破隊の主な任務は米軍の道路を破壊することでした。その他、アメリカ軍の武器があるところに密かに行って地雷を敷設し、

写真27　烏来にある高砂族義勇隊の顕彰・慰霊碑（筆者撮影）

爆破する。そのための訓練です。そして、ニューギニアで戦った。日本陸海軍が参戦したが、第十八軍所属である。約八〇万人で、日本人、朝鮮人、高砂族によって構成されていた。そのうち生存、帰国できたのは九〇〇〇人余だけと聞いている。

菊池　爆破隊で訓練を受けた人数は何人ですか。

黄新輝氏　角板山から連れて行かれた四八名です。

菊池　高砂義勇隊は結局、何回実施されたのですか。全部で何人位ですか。

黄新輝氏　七回で、計三万人余です。例えば、新竹州は第二回高砂義勇隊がある。僕は第五回高砂義勇隊です。その前の義勇隊のことは分かりません。台湾全島から第一回、第二回、第三回、第四回、第五回、第六回、第七回の義勇隊を出しており、総計三万人余りです（**写真27**）。

菊池　その数字は「高砂族」（以下、高砂族）だけではないですよね。

和夫さん　これは高砂族だけじゃないでしょう。台湾人を含んだ数でしょう。

黄新輝氏　いや高砂族だけですよ。

菊池　第五回高砂義勇隊は全員で何人でしたか。やはりタイヤル族が最も多かったのですか。

黄新輝氏　この時の高砂義勇隊は計八〇〇人余です。タイヤル族は角板山の四八人のほか、新竹、宜蘭など台湾中部以北から出征した。その他、プヌン族、パイワン族などがいた。

和夫さん　この点に関しては、私も説明するね。タイヤル族は現在の南投を含む台中州、苗栗、新竹、桃園、台北、宜蘭など、台湾中部以北に分布していた。彼らが参加している。

菊池　第五回高砂義勇隊八〇〇人中、台湾に生還できたのは何人ですか。

黄新輝氏　八〇〇名中、生きて帰って来たのは……分からない。角板山から行った四八名中、生きて帰って来れたのは僅か七人でしたよ。

菊池　生還者は大体一五％位ですか。ほとんどが向こうで亡くなられたのですね。……パラオでの訓練後、どこに行ったのですか。

黄新輝氏　パラオから輸送船や駆逐艦に乗船してニューギニアに行きました。着いたのが四三年三月二六日。海軍、陸軍で計一八万人位です。

菊池　パラオで一ヵ月の訓練でしょう。ニューギニア到着が遅すぎませんか。

黄新輝氏　途中の島々でも全部で四ヵ月位の訓練を受けましたから……。それが完了後、ニューギニアに到着したのです。ここが本当の戦闘地域です。ニューギニアで戦ったのが第十八軍で、日本人、朝鮮人、高砂族……計八〇万人です。

菊池　台湾人はいませんでしたか。

黄新輝氏　台湾人はいない。第十八軍の八〇万人中、帰って来れたのは九千余名しかいません。

菊池　戦闘の相手はオーストラリア軍、アメリカ軍ですか。

黄新輝氏　アメリカ軍、それと「イギリス軍」（オーストラリアが英連邦に属するため、「イギリス軍」と言っていると考えられる）です。

二　部隊内の状況

菊池　日本兵と高砂族隊員の間で矛盾とか差別とかはなかったのですか。

黄新輝氏　衝突とかはないですよ。部隊、部隊で分かれていたから。高砂族は高砂族の部隊ですよ。……作戦中はそんなことを考える余裕なんてありませんよ。何も考えないで、ひたすら戦った。いつ死ぬか、それを待つばかりの心境でしたね。

菊池　高砂族の部隊には日本人は全くいないのですね。

黄新輝氏　いない。ただし大隊長、中隊長、小隊長は日本人だった。それ以外は全て高砂族。

菊池　大隊長、中隊長、小隊長に対する何か不満や反対することはありましたか。

黄新輝氏　そんなものはない。「日本精神」（大和精神）には反対できないですよ。最後は「死ぬだけ」と教えられていた。「日本精神」に反対はできませんよ。

菊池　「日本精神」をどう解釈しているのですか。

黄新輝氏　「日本精神」は、「戦争になれば死ね」ということでしょう。

菊池　確認のため、繰り返し質問しますが、高砂義勇隊は全て高砂族ですね。日本人や朝鮮人、台湾人はいないのですね。

黄新輝氏　大隊長、中隊長、小隊長は原則として日本人です。それ以外の隊員は全て高砂族。第一小隊長は山本という軍人だったが、六〇歳の年寄りで、体が弱く、動けなかった。そこで、僕が第三小隊長となった。第一小隊長の山本がだめになったら僕が代理することになっていた。

菊池　当時、日本人以外、小隊長にはなかなかなれないでしょう。

和夫さん　黄さんは学力・学歴があるからね。当時、青年中学は日本の学校で、タイヤル族で入れる人は少ないんだ。

菊池　その後、山本さんはどうなりましたか。

黄新輝氏　第一小隊長の山本とは終戦後、新竹に着いて、そこで別れた後、会っていない。

菊池　山本さんも生還できたのですね。よかったですね。ところで、台湾人、今で言う本省人ですが、まったくいなかったのですか。

黄新輝氏　少しはいた。だけど、彼らは高砂義勇隊じゃないよ。それに本省人は戦闘には参加していない。戦闘地域の背後で、兵隊に食べさせる野菜などを栽培して、料理を作ったりしていた。戦闘するのが好きではなかったようだ。僕たちは彼らを「臆病者」と思って馬鹿にしていたが、彼らも僕たちを馬鹿にしていたのかもしれない。……本省人の一人が戦闘に巻き込まれて死んだ。

三　高砂義勇隊の武器装備

菊池　武器はどうですか。

黄新輝氏　武器は鉄砲・銃剣と、手榴弾を二個渡された。他は何もない。手榴弾は一個が戦闘用、一個が自殺用。

菊池　一つは「もしもの時、死ぬための手榴弾」、いわば自決用ですね。タイヤル族の蕃刀とかは持っていなかったのですか。

黄新輝氏　もちろん蕃刀は持っている。しかし、あれは武器じゃないよ。戦闘では使わないよ。……蕃刀は草木を払って道を切り開いたり、また薪を得るため、木を切る時、使用した。……アメリカ軍は高性能の銃や大砲を持っている。蕃刀では太刀打ちできない。

和夫さん　アメリカ軍を相手に蕃刀でヤーヤーやってもしようがないでしょう。

黄新輝氏　実は、僕は日本刀も持っていた。

和夫さん　日本兵が日本刀を黄さんにくれた。日本刀は薄いし、蕃刀とは質が違う。

菊池　では、蕃刀はどのようにして作るのですか。

和夫さん　蕃刀は台湾人の鍛冶屋に作らせるんだ。
菊池　日本刀を打ち直して蕃刀にできますか。
黄新輝氏　日本刀を蕃刀に変えることなど、絶対にできない。全く別もの。日本刀は特別な作り方があるからね。
菊池　蕃刀はどの位の長さですか。
黄新輝氏　三尺位。
菊池　九〇センチですか。結構、長いですね。幅はどの位ですか。
黄新輝氏　細い。……桃園に置いてある。次に菊池先生が来た時、持ってきて見せましょう。日本刀より蕃刀の方が竹はよく切れる。

四　食糧問題

菊池　大変な食糧不足と聞いたことがありますが、実際はどうでしたか。
黄新輝氏　大変なんてものじゃなかった。……最初、日本軍は米を一ヵ月分を準備していた。前線にも米を沢山持っていった。けれども、アメリカ軍に全て爆破されて、米がなくなってしまった。仕方なく住民の芋とかバナナとかを採って食べた。日本軍が行くと、住民は山の中に逃げるでしょう。そこで、芋を持って帰る。

菊池　住民は抵抗しませんでしたか。

黄新輝氏　住民が皆、逃げた後、盗った。それに日本軍の宣伝が行き届いていたので、盗られても反対しなかった。……ところで、大きな河、小さな河のところで、大きな戦闘が五回もあった。その他、小さな戦闘は沢山あり、約三年間、戦い続けた。

和夫さん　食糧がないから、「土人」の植えた芋を盗んで食べたわけでしょう。「土人」は日本軍よりもアメリカ軍に反発しているから、芋を盗られても文句を言わないそうだ。

菊池　食料は芋、バナナ以外、どのようなものを食べましたか。

黄新輝氏　日本軍から銃剣を与えられていたので、鉄砲で鳥や山豚（猪）を撃ち、食料とした。僕は山豚を三八頭も捕ったよ。

菊池　蕃刀を山豚狩りには使っていませんか。

黄新輝氏　使わないよ。鉄砲を持っているし……。でも山豚は鉄砲だけじゃなく、罠でも捕まえた。部隊の者が食べた。日本人の隊長さんも食べた。

菊池　食料が足りない時、人肉も食べたという話を聞いたのですが、本当ですか。

黄新輝氏　これは有名な話。……皆、腹を空かしていた。食物がない。食べられる物といったら人間の肉くらいだ。そこで、日本兵にアメリカ兵の肉を喰わせた。動物の肉にアメリカ兵の肉を混ぜて炊いて食べさせた。アメリカ軍にやられて戦死した日本兵の肉を混ぜたこともある。そこで、戦死したアメリカ兵の肉、日本兵の肉を切り取って、山肉と混ぜて飯盒で炊いて食べさせた。

菊池 戦死ではなく、「アメリカ人捕虜を殺して食べた」と聞きましたが、そうしたことはありましたか。

黄新輝氏 すでに死んでいる人間だけだよ。だけど、そうしたこともあったかもしれない。隊によって異なる。僕の隊ではなかった。

菊池 高砂義勇隊員が戦死した場合、どうなりますか。

黄新輝氏 高砂族の肉は食べないよ。なぜなら、料理をするのは高砂族だから、高砂族の隊員が死んだからといって、その肉は使わない。

和夫さん 高砂族は人間の肉を食べない。だって高砂族が死んだアメリカ兵や日本兵の肉を料理したのだから、一緒に炊くのだから、その肉が何か知っている。だから食べない。「山の人」（タイヤル族）は猪狩りができるでしょう。日本兵は山狩りができないでしょう。日本兵は食物が何もなくて、ひもじい時、食べないわけにいかんでしょう。その時、一番栄養があるのが人間の肉だけなのだから。

黄新輝氏 実は僕は一回だけ食べたことがある、日本兵に撃たれて死んだアメリカ兵の肉だった。当時、人間の肉くらいしか食べる物がなかった。……僕の友だちが人肉を持って来たので、炊いて少しだけ食べたことがあるんだよ。美味しくない。

和夫さん　エー、黄さんも食べたことがあるの。苦いんでしょう。

黄新輝氏　苦いというより、酸っぱい。人間の肉は手とか、足とか、食べるところは少ない。腿とか胸の肉を食べる。……そして、脂肪《あぶら》が少ない。骨ばっかり。骨は捨てる。内臓もいらない。捨てる。

五　病気

菊池　ニューギニアで一番苦労したことは何ですか。例えば、マラリアとか風土病はどうでしたか。戦死も多いでしょうが、劣悪な環境下での病死も多いと思いますが……。

黄新輝氏　とにかく病気が多かった。行軍していると、多くの蚊がついてくる。マラリアとか赤痢、そして「熱帯潰瘍」がある。「熱帯潰瘍」は恐ろしいよ。それに罹ると、身体が腐れてくる。なぜそうなるのか、理由は知らない。戦闘で死んだのは三、四人。だから、大部分は病気で死んだ。……僕は弟二人と共に三人で出征したが、弟二人は死んで、兄弟で帰ってこれたのは僕だけです。

和夫さん　病気で亡くなったのが大部分で、戦闘で死んだのは何人もいないのか。

菊池　遺体はどうしたのですか。

黄新輝氏　遺体はその辺に沢山ころがっていた。日本兵が死んだ時は、戦友が遺体から髪を切ったり、指などを切り取ったりしていた。日本の遺族に持って帰るのでしょう。高砂族の場合、芭蕉などの大きな葉でくるんで、そこに置いてきました。

六　日本の無条件降伏時期

菊池　戦争末期の状況を教えてください。

黄新輝氏　戦争がそろそろ終わる。けれども日本兵も高砂義勇隊もそのことが分からない。戦争が続くと思っていた。ところが、アメリカ軍が飛行機で宣伝ビラを次々と落としていくでしょう。アメリカ軍は主に高砂義勇隊に対して大量の宣伝ビラを撒いた。「日本はすでに負けた。高砂族は帰国した方がよい」とか、「高砂義勇隊は家に帰りなさい」とか、そういう内容であった。でも、そんな宣伝ビラを、僕たちは信じなかった。……ところで、アメリカ軍と戦うのは面白い。

菊池　「面白い」とはどういう意味ですか。

黄新輝氏　僕たちは敵を待ち伏せて攻撃した。アメリカ兵は身体が大きいので、鉄砲の弾に当たりやすい。アメリカ兵はすぐに逃げる。アメリカ兵は逃げ切ると、大砲を撃ってきた。今度は高砂義勇隊が逃げる。……時には、僕たちはアメリカ軍の近くに行って、銃撃して逃げる。アメリカ兵に弾が当たっているのかどうか分からない。とにかく撃って、逃げる。……そうすると、アメリカ軍は大砲を撃ってくる。それで逃げるでしょう。大砲が止むと、また近づき鉄砲を撃ち、そして逃げる。また大砲を撃ってくる。それが止むと、また近づいていく。その繰り返し……。

菊池　日本兵はどうでしたか。

黄新輝氏　もちろん日本兵は「負けた」とは思わず、上からの命令がなければ降参しない。まだ残って戦おうとした。そうこうしている内に、日本政府から三回にわたって、大隊長、中隊長、小隊長に対して玉砕命令が出た。その命令を受けて、隊長がね、「玉砕だ！　玉砕だ！　戦えるだけ戦おう。もうアメリカ軍に囲まれている。玉砕に行くぞ！」とか言う。

……昭和二〇（一九四五）年八月一五日には、日本は負けたでしょう。でも、僕たちもそれを知らなかったから、高砂義勇隊は九月になっても戦い続けた。日本降伏後も、戦闘は何十回もあった。その内、大きいのが二、三回。アメリカの飛行機が落とすビラの内容を「嘘だ」と思っているしね。だから、一生懸命戦い続けた。

菊池　それじゃ日本敗戦を知ったのはいつ頃ですか。

黄新輝氏　九月中旬ですよ。日本人の大尉、少尉各一人、それに高砂義勇隊の二人が白旗を掲げて陣地に戻ってきた。僕たちは「日本が本当に負けた」と思った。

菊池　日本の降伏後、知らずに一ヵ月も戦い続けたということですか。

黄新輝氏　そうそう。師団長を頭に五〇人位の日本兵が頑張って戦っていたが、「もう負けた。君たちは身体を大切にせい」と僕たちに言い、その後、「天皇陛下ばんざーい」と言ってバーン。陸軍軍曹らは「天皇陛下万歳！」と言って、手榴弾で自殺した。ある部分の日本兵は切腹した。あっちでもバーン、こっちでもバーンと、あちこちで自殺した。

菊池　手榴弾で自決したのですね。みんな死んだのですね。

黄新輝氏　日本兵がだよ。高砂義勇隊の隊員ではない。

菊池　高砂族で切腹した人はいますか。

黄新輝氏　それはない。高砂族で切腹した人はいない。日本兵は切腹したり、手榴弾自殺をしたが、高砂義勇隊の隊員は切腹も、手榴弾自殺もしなかった。僕たちまでが死ぬ必要はないでしょう。

七　収容所時代

菊池　九月中旬に日本の敗戦が分かって、その後、すぐにアメリカ軍の収容所に収容されたのですか。

黄新輝氏　いや、そうじゃないよ。九月一五日から僕たちは海の方に向かって歩き始めた。かなり歩いたよ。一ヵ月位歩いたかな。……そこで、浜にある収容所に入れられた。そこには、日本人も高砂族もいた。元日本兵と高砂義勇隊員は分けられて、そこでも約一ヵ月間、収容された。

菊池　収容所の生活は厳しいものでしたか。

黄新輝氏　それほどでもない。だって、戦争はもう終わったのだから……。あの時は、日本は完全に負けた。誰もアメリカ軍に反抗しようとする者もいない。暇をもてあます。だから、山狩りに行って山豚三匹、捕れれば、アメリカ兵に一匹あげる。そうすると、アメリカ兵は交換で米をくれた。そうした関係だ。

菊池　高砂族は収容所を出て山豚を捕りに行ける自由があったということですか。アメリカ兵は、元日本兵には厳しかったが、高砂族には寛容だったということですかね。

黄新輝氏　そんなことはないでしょう。分離されていたのでよく分からないけど、元日本兵に対しても同様に扱っていたのではないですか。

菊池　結局、ニューギニアには何年いましたか。

黄新輝氏　約四年間。昭和二一年一月二六日、やっと台湾に帰国できた。その後、和夫のお父さんの紹介で農会に四年間勤めた後、郷公所に移って一八年間、主計、日本語で言えば会計かな。その仕事をしました。

【註】

（1）黄新輝氏から手渡された手書きの「義勇隊の歌」は以下の通り。日本軍歌の『露営の歌』と似ているところもある。なお、（　）内は筆者が補った。

（一）茲は東洋南端の
　国を離れて幾千里
　東洋守りの其（の）為に
（二）勝って帰へると勇（ま）しく
　誓って国を出たからわ（は）
　手柄を立てずに帰へられ（よ）か
（三）勝つの義勇力を振（る）ひつつ
　進む所に敵はなく
　英米の首を此（の）太刀で
（四）雨と降り来る敵丸（弾）を
　くぐり抜け行く義勇隊
　英米の首を此（の）腕で
（五）胸に輝く金之飛鳥（トビ・鳶）
　頬笑義勇隊の勇士さ
　之ぞ義勇隊の面目だ
（六）聖戦終わって豆箱を

迎へる妻子之哀しさ
之ぞ義勇力之本分だ

以上のように、「義勇隊の歌」の例えば二番と、日本軍歌『露営の歌』の一番は似ており、「義勇隊の歌」は部分的に他軍歌の替え歌であった可能性がある。

一応、「露営の歌」（作詞は藪内喜一郎、作曲古関裕而、コロムビアレコード、一九三七年九月）の歌詞を出しておくと、以下の通り。

[一番] 勝つてくるぞと勇ましく　誓つて故郷を出たからは　手柄立てずに死なれようか　進軍喇叭を聴く度に　瞼に浮かぶ旗の波

[二番] 土も草木も火と燃える　果て無き曠野踏み分けて　進む日の丸鉄兜　馬の鬣撫で乍ら　明日の命を誰か知る

[三番] 弾丸もタンクも銃剣も　暫し露営の草枕　夢に出てきた父上に　死んで帰れと励まされ、覚めて睨むは敵の空

[四番] 思へば今日の戦闘に　朱に染まつてにつこりと　笑つて死んだ戦友が　天皇陛下萬歳と　残した聲が忘らりよか

[五番] 戦争為る身は豫てから　捨てる覚悟で居るものを　鳴いて呉れるな草の蟲　東洋平和の為ならば　何の命が惜しからう

「義勇隊の歌」は一般募集もしており、複数あった。例えば、一九四一年に中将の本間雅晴が作詞したとされる「高砂義勇隊の歌」は以下の通り。

一　米英撃てとの大詔を
涙で拝む同胞の
そうだやるぞと立ち上りゃ
厚い血潮が身にたぎる
我等　我等　高砂義勇隊

二　男誉れの舞台なら
なんで　生命が惜しかろう
挺身奇襲お手のもの
第一線の花と咲く
我等　我等　高砂義勇隊

三　ジャングルなんぞ一跨ぎ
輸送任務に開発に
逞しいかな盛り上がる
腕に真鉄のひびきあり
我等　我等　高砂義勇隊

四　国のためなら大君は
誠の勇み励むべし
東亜の鎮めと畏くも
命を君に潔ぎよく
我等　我等　高砂義勇隊

五　義勇隊たる本分は
国に忠に気は勇み
義は山よりも尚重し
御国の光を輝かせ
我等　我等　高砂義勇隊

六　勝たねばならぬこの戦
友よ今こそ一団の
炎ともえてまっしぐら
皇国のために進むのだ
我等　我等　高砂義勇隊

【出典】門脇朝秀編『台湾高砂義勇隊―その心には今もなお日本が―』あけぼの会、一九九四年、四九頁。なお、本間雅晴は「台湾軍の歌」も作詞している。

【証言4】林昭光氏に対するインタビュー

二二八事件・霧社事件・「白色テロ」・中国共産党について

はしがき

原住民に対する一九五〇年代「白色テロ」については、すでに林昭明氏に対するインタビュー、彼自身の回憶録、および資料などからその輪郭、実態を把握できた。そこで、その前段階に位置する二二八事件に関して、角板山タイヤル族を中心とするタイヤル族全体の動き、さらにそれを包括する台湾原住民の動態を明らかにする必要性に迫られた。これを除いて角板山タイヤル族の動態の全貌を明らかにはできないと考えたからだ。

ところで、二二八事件（一九四七年）、霧社事件（一九三〇年）など、台湾近現代史を語る際、忘れられない事件がある。その結果、二二八事件に関する研究は極めて多く、資料も多く公開、出版されている（ただし、情報局〈旧軍統〉関係の史料・檔案はまだ未公開部分もかなりあると聞く）。このように、実態究明は急ピッチで進んでいるといえよう。ただし、多くが陳儀・国民党政権による本

写真28　林昭光氏と和夫さん（筆者撮影）

省人（閩南人、客家）に対する弾圧などを中心としたものである。この時期の台湾原住民の動態はほとんど解明されていない。特に角板山タイヤル族の動向については全く分からない。筆者は無意識のうちに、二二八事件の際、タイヤル族など原住民は反国民党意識を有し、本省人と共に立ち上がり、弾圧されたものと考えていた。したがって、その報復として、五〇年代「白色テロ」で徹底的な弾圧を受けたと単純に思いこんでいた。しかし、林昭光氏へのインタビューから、実際は日本植民地時代に奪われたタイヤル人の土地回復の陳情運動中であり、二二八事件の時、自制し、ほとんど動かなかったことが判明した。

なお、和夫さんによると、林昭光氏はタイヤル族の最も古い歴史を知り、語ることのできる数少ない残された一人とのことであった。こうして、林昭光氏（写真28）に対するインタビューは林昭明氏、和夫さん同席の下、二〇〇九年三月二五日に実施した。さらに新たな疑問、不明点など細部について二〇一四年三月二三日、二〇一五年三月二三日に再三にわたりインタビューをして補強した。彼らは「原住民」ではなく、「高砂族」という言葉を多用しているので、そのまま記述した。「高砂族」を差別語と全く考えていないようである。

一　二二八事件に関して

菊池　二二八事件の際には、どこにいましたか。どのように行動したのですか。これに参加しましたか。

林昭光氏　日野三郎（ロシン・ワタン。**写真29**）、僕（経済課主任）、陳祥隆（泉民雄。和夫の父）の三人で、台湾省主席の陳儀に会いに行った。民国三六（一九四七）年二月二七日に台北に到着した。翌日の二八日に山地の土地問題（日本から接収した土地のタイヤル族への返還交渉）などで陳情する予定であった。あの時は、台湾省政府ではなく、行政長官公署と称していた。だから、僕たちは行政長官陳儀に会うため、行政長官公署の建物に入ろうと思ったら、二階から軍隊が機銃を撃ってきて建物内に入れない。二八日晩には専売局の煙草問題で二二八事件が勃発したでしょう。二九日、僕らは朝起きて、行政長官公署に行こうとしたら、専売局が群衆に包囲されている。民衆は外省人の家に煉瓦を投げつけていた。昨日からの問題が続いていた。

民国三六（一九四七）年当時、日野三郎は衛生所所長ではなく、公医診療所でしょう。それがなくなり、山地には医療機関がな

写真29　ロシン・ワタン
（林茂成氏の提供写真）

い状態になった。そこで、民国四一年日野は山地巡回治療隊を作り、その隊長をやっていた。

菊池　前日は、台北のどこの旅館に滞在していたのですか。

林昭光氏　旅館じゃない。山地会館だ。

菊池　台北のどこにありましたか。

林昭明氏　台北の南門市場付近で、盧斯福路一段にあった。日本時代には高砂会館と言って、別な所にあった。総督府理蕃課宿舎の近くで、台北駅に近い所ですよ。

菊池　その時、警察はどうしているのですか

林昭光氏　警察もいることはいるのだが、無力で、軍隊が実権を握っていた。鉄道部も警察ではなく、兵隊が警護していた。軍隊の司令が引きずり出されて殴られているのを見た。頭から血を流してね。台湾人は、皆「お前は誰か」って日本語で聞くんですよ。外省人は日本語が分からないし、返事ができないでしょう。それで、殴る。民衆は日本語で話しかけ、答えられないと殴る。どうも事件が大きくなっているようだと思って、こうした状況に巻き込まれないため、「もう行政長官公署には行けないから、このまま桃園に帰ろう」ということになった。そこで、駅に行ったが、汽車が動かない。台北駅で二時間位待たされて、列車が動き始め、やっと桃園に着いた。

　桃園に着いて汽車を降りると同時に、今度は警察局の二階から機銃で撃たれた。台北の影響がすでに桃園に到達していた。民衆が警察局を包囲し、それ対して機銃を撃っている。撃たれてバタバ

タ倒れ、死んでいる人もいる。だから、我々もこれはいかんと思って、早く山に帰って、この状況を検討しなければいけない。そして、大渓まで帰って来た。そこで、すぐに山の警察を全て大渓分局に集めた。我々三人で相談して、山の警察の連中に、「おまえら、これに参加してはいけない」、「暴力を振るってはいけない」と言った。日本軍の残した武器もない。武器がないのに参加できるわけがない。それに、これは本質的に外省人と本省人（台湾人）の問題で、「山の人」とは無関係だし、また、土地問題で陳情中という事情もあった。

菊池　山の警察は「山の人」ですか。

林昭明氏　うん。山の警察は「山の人」じゃないとできない。だから、「軽挙妄動してはいけない」という指示を出せるわけだ。

菊池　なるほど、山の警察は林昭光さんたちを信頼しているわけだ。

林昭光氏　その後、角板山まで帰って来て、すぐに郷長たちを呼び出して、いろいろ検討した。婆さんが闇煙草を売っていて、中国兵（警察）に殴られた。それで、それを見た民衆が憤慨して煙草の専売局を包囲し、台北全体にすぐに広がったわけだ。所詮、我々は少数民族ですよ。武器もなければ何もない。あの頃、連合軍に日本軍の武器はほとんど没収されている。だから、我々には武器も何もないんだ。それと同時にこの事件は突発的な事件ですよ。計画的じゃないんだ。これでは負ける。「武器もないし、何もない。どうやって戦うのか。参加すれば、我々も全部やられる」、と。

したがって、「参加しない」と決めた。だが、一部の本省人は「山の人」に立ち上がることを促した。しかし、我々にはやる価値がない。

菊池　原住民の中で二二八事件に参加しようとする者はいなかったのですか。

林昭光氏　新竹郷、烏来郷、台中の和平郷も山の中に銃器を入れたようだ。我々は早速、新竹、烏来、宜蘭など各地のタイヤル族に人を派遣して、「やめなさい」と止めた。烏来のタイヤル族はすでに豚を殺して闘いに参加する準備をしていた。討論した結果、「我々高砂族にとって参加することは絶対的に不利である。参加しても負ける」と止めた。間に合わなかったところは多少参加した。台中州和平郷は遠いからね。

菊池　「豚を殺す」とはどういう意味ですか。

林昭明氏　「豚を殺す」とは、神に「私たちは闘う」ことを伝える儀式です。

和夫さん　角板山、烏来、相互に人員を派遣した。烏来からも人を派遣して寄こしたのでしょう。

林昭明氏　烏来郷は小さく、角板山のタイヤル族は非常に大きいから力を持っていた。すぐに新竹や烏来郷など各地のタイヤル族に人員を派遣して「不参加」の意思を伝えた。この時、烏来郷約八〇〇人は豚を殺して神に捧げ、出動し、事件に参加しようとしていた。烏来のタイヤル族からも角板山の意見を聞きに来た。参加は「高砂族にとって不利」と説得して参加を阻止した。また、新竹の尖石郷、五峯郷は準備をしていたが、参加を決めかねていた。これらの参加も阻止した。角板山の人員は台湾南部にまでは派遣していない。

菊池　結局、台中県和平郷は動いたのですか。

林昭光氏　台中県和平郷は銃器を準備したが、動くには至っていない。阿里山の高砂族（ツオウ族）は動いた。嘉義の武器庫を破壊して銃器を持ち出して武装した。「本省人は外省人に暴行を働いている」とし、名目は国民党の「治安維持支援」としたが、高砂族は心の中では国民党側ではなく、やはり台湾人側に立っていた。このように、もちろん個人参加や一部に動く準備をしたが、高砂族は全体としてはほとんど動かなかったと言える。

菊池　タイヤル族というか、高砂族には被害はなかったのですか。死傷者はいなかったのですか。

林昭光氏　タイヤル族は参加していない。だから、怪我もしてないし、死んだ人もいない。……僕は知らないが、二、三人はいるかもしれないね。平地人と一緒にやってね。

林昭明氏　二二八事件の時、桃園県のタイヤル族一人が捕まって銃で処刑された。おそらく個人で参加した。ところが、この人は誰かは分からない。角板山の人間ではない。事件に直接参加したのか、巻き込まれたのかは知らない。……二二八事件の時、丁度、私は（学校が）休みで角板山の家に帰っていた時だ。

二　霧社事件に関して

菊池　一九三〇年の霧社事件の時はどうですか。年上の人から何か聞いたことはありませんか。

林昭光氏　僕は七、八歳の頃のことでよく分からないが、年寄りに聞いたところによれば、次のように言える。「山の人」、タイヤル族は叩かれたり、奴隷的に扱われると、屈辱を感じ、反発する。……もちろん州によって台湾総督府の政策が違いますよ。今の県は昔は州だった。北部、例えば、新竹州では農業に力を入れ、「授産」政策（農業振興策）を実施し、食糧が増大した。日本時代において新竹州の方は飯が食べられるわけだ。このようにして新竹州は自力更生が図られ、学校も建てられ、各州高砂族の模範地域とされた。だから、各州の高砂族は新竹州に来て参観した。ところが、台湾中部、台中州の霧社では強制的に「山の人」を動員して、警察署を建て、道路を造り、山の材木を伐採させた。当時、警察宿舎や警丁宿舎を建てるとか……。警手はいわば警察の助手で、軍隊で言えば当番兵のようなものだ。警手が威圧的にこれらのことをやらせたので、反発が強まっていた。知っての通り、蕃童教育所の先生は日本人警察官であった。こうして、霧社事件が勃発した。だが、この時、北部タイヤル族は動かなかった。新竹などのタイヤル族知識分子がタイヤル族の民衆が連動するのを止めた。

菊池　台湾総督府の理蕃政策は地域によってかなり異なり、台湾北部では成功を収めていたと考えてよいわけですね。

林昭光氏　日本の山地行政・理蕃政策は台湾北部から嘉義まで普及した。一九四一年「大東亜戦争」の勃発のため忙しくなり、嘉義以南には普及できなかったのだ。そこで、日本時代、タイヤル族はパイワン族やプヌン族とは全く異なる状況にあった。なぜならタイヤル族は米生産を主としていたのに対し、パイワン族は昔ながらの「水芋」（水の中で育つ里芋の小さなもの）に頼っていた。つまり日本の理蕃政策はタイヤル族中心で、タイヤル族への政策が最も成功した。さっきも言った通り、タイヤル族には知識分子が比較的多く、したがって、国民党時代になると、その政策を批判した。

菊池　それなら、歴史上、全てのタイヤル族が一緒に動いたことはないのですね。

林昭光氏　台湾のタイヤル族全体で動いたことはない。北部・中部連合のようなものは組織されなかった。全部一緒には動いていないけれども、しかし、ある部落で霧社事件のようなものが起こることは往々にしてある。もちろん「奥山」（当時、「前山」、「後山」と言い、「奥山」は「後山」のことで、いわば深い山という意味である）の方で警手殺害事件のようなものも起きた。教育の至らないところはそういう事件が起こるのですよ。警手や警察官を殺したりする。主に警手を殺すのだな。警手には日本人もいるが、大部分が平地人であり、「山の人」は少ない。

菊池　当時、少ないとはいえ、「山の人」が警手になっている場合、「山の人」が「山の人」を殺害することも起こり得るのではないですか。

林昭光氏　「山の人」が警丁になったのは後からですよ。日本時代後期には「山の人」も警手になった。警手郷長もいる。日本人の場合、低学歴で書く能力がなくても、地位が高くなるのに対して、「山の人」は学歴があっても警手止まりの場合も多く、そうした不満もあった。警察であっても、日本人でも乙種巡査（巡査補）には小学校さえも卒業していない者もいる。だから、いろいろ報告する場合、能力的に問題も多かった。だから、日本人でも最初は警丁ですよ。一、二年したら乙種巡査になる。そして、大部分は平地人ですよ。だいたい警丁はですね、山の上では警丁がほとんど担当していた。中には警丁伍長というのもいる。これは乙種巡査よりも給料が多い。

菊池　警手、警丁の違いが分かりません。結局、警手、警丁とは何ですか。警察での地位、役割の違いを教えてください。

林昭光氏　警丁と警手は同じですよ。

和夫さん　まあ警察の助手みたいなもの。軍隊で言えば、当番兵みたいだな。必ず派出所には警視がいる。ところが、その家を建てる場合は、山から檜を担いでくるが、高砂族にやらせていた。道をつくるにも高砂族を使っていた。日本時代ですよ。警察の人に叩かれるとか、高砂族は誇り高いですから、そうしたことに不満を抱く。その不満がたまって霧社事件が発生した。あの時、日本人はよく叩くでしょう。それは、高砂族に対するものだけではない。日本人は平地人もよく叩いた。

菊池　では、確認しますが、結局、霧社事件の時、角板山のタイヤル族は全く動かなかったということですね。

林昭光氏　さっそく新竹州とか、角板山のいわゆるタイヤル族の知識分子が行って、民衆に対して「こういうこと（暴動）をするな」と説得した。角板山タイヤル族は霧社のタイヤル族に呼応しなかった。

林昭明氏　当時、「先覚者」と称される多少知識をもった人間たちが蕃社に入って、「決して軽挙妄動しないように」と押さえた。

和夫さん　霧社はタイヤル族ではない。太魯閣《タロコ》族（現在、タロコ族ではなく、セデック族とされている）だった。

林昭光氏　どうしてタイヤル族じゃないの。タイヤル族だよ。

菊池　最近はタイヤル族と言葉が少し違うということで、セデック族として区分されているみたいですよ。セデック族もそれを望んでいたようです。それにしても小さな差異で、台湾の原住民を細かく分けすぎている気もしますね。

林昭光氏　『理蕃の友』という山地向けの雑誌があって、高砂族知識分子の談話が載っている。あの頃の言論を見ると……当時は山地行政と言わずに「理蕃」と言った。いわゆる理蕃は警察がおこなっていた。教育も農業指導も日本語を教えるのも、全て警察がやっている。

和夫さん　学校の先生も警察でしょう。全て警察がおこなった。
林昭明氏　警察だから事件が発生すると、すぐに電話で連絡するんですよ。
菊池　日本人警察と原住民警察とは動きは同じですか。
林昭明氏　同じです。
和夫さん　学校では、昔は「校長」とは言わないで、「主任」と言っていたかな。「所長」と言っていたかな。私は蕃童教育所に四年までいた。その後、小学校補習科で二年間勉強した。
林昭光氏　蕃童教育所の制度は四年までで、強制的に入る必要があった。それを卒業したら、補習科が二年間ある。ただし、補習科は強制ではなく、入るか否かは自由だ。
和夫さん　平地人は入れないでしょう。
林昭光氏　平地人に対しては、角板山に公学校の分校みたいなものがあった。児童は十数名か二〇名程度だった。金のある人は大渓小学校に行った。これに入るには、蕃社にいるタイヤル族の子供は試験を受けなくてはならない。警察の子供は無試験で入れ、教育補助が出る。……蕃童教育所の運動場は僕たちが土を運ぶのにリアカーの後ろを押したりして、自分たちで作ったんだよ。
菊池　日本植民地時代に角板山には、幾つか碑があったと聞いたのですが、具体的にどのような碑があったのか教えていただけますか。
林昭明氏　渓口台は「感恩報謝」の碑があった。志継にもあった。

写真30　角板山にあった「佐久間総督追懐紀念碑」。1931年８月建立（「復興青年活動中心」前の展示写真）

林昭光氏　角板山にあったのは全て「感恩報謝」の碑です。中国人（外省人）が入ってきてから、全部破壊された。どの部落にも「感恩報謝」の碑があった。昭和何年ごろかな。僕も「感恩報謝」の碑をお祝いするために行ったら、「食え、食え」って焼いた鮎がふるまわれた。だから、昭和九（一九三四）年か一〇年頃じゃないかな。あの時は、僕はすでに小学校に入っていた。渓口台の鉄線橋（鉄の吊り橋）を作ったのが昭和六年だからね。

林昭明氏　佐久間総督の碑が建てられたのは昭和一〇年あたりだな。印象に残っている。五、六歳の時かな。すごく大きな碑だよ（**写真30**）。あの時、渓口台に行く道がないんだ。だから、回り道するか、川を渡って行くしかなかった。渓口台の鉄線橋を作ったのが昭和六年だ。碑を建てた時、すでにその橋があった。

林昭光氏　これらの碑は国民党時代に破壊された。

菊池　あそこに青年訓練隊の運動場も作ったのでしょう。

林昭光氏　あそこは元来、僕の家の水田だ。その端に「感恩報謝」の碑を建てた。そして、残った土地（水田）を青年訓練隊の運動場にしたんだ。僕たちはその運動場に集合してから学校に行った。外省人が来た後、その運動場をつぶして、高砂族に全て分配して再び水田に戻した。こうして、あの運動場はなくなった。それ以外にも開拓して水田を作った。

三　ロシン・ワタン（日野三郎）について

菊池　一九二二年、タイヤル族間の戦闘がありましたね。その原因は何ですか。狩猟地の争いですか。この時、その和解にロシン・ワタンが貢献したとされていますが、どうですか。

林昭光氏　タイヤル族間で戦うということはあまりない。キナジー社とマリコワン社とのタイヤル族間の戦闘では、キナジーが狩猟の時、マリコワンの「妹の夫」（頭目の妹の夫のことらしい）を猪と思って弓で誤って殺してしまった。マリコワン社は怒り、激しい報復を開始した。日本人警察が調停に入り、戦闘を止めた。境界線となる高台に埋石した（石は完全に埋めるようであり、石を埋めた後、地面を平らにする）。ロシン・ワタンは和解することを手伝ったかもしれないが、この時はまだ若く、それほど力がないでしょう。

菊池　日本人警察が調停したのですね。

林昭光氏　日本人はあっさりしており、言ったことは守る。「支那人」は「二つ口」（二枚舌）を持っており、信用できない。

菊池　ロシン・ワタンの処刑に関してどのように考えますか。

林昭光氏　伯父のロシン・ワタンは無関係だったのに「白色テロ」にやられた。ロシン・ワタンは日本共産党と関係があると疑われたのだ。若い人は少し関係があり、「蓬萊族」の民族自決を夢見た。昭明はその内容を十分理解していなかった。僕は昭明が「蓬萊民族自救闘争青年同盟」に参加することに反対した。だが、昭明は言うことを聞かない。彼は新竹工業から台北一中、今の建国中学に転学した。頭はよかった。

菊池　本当に台湾に多数の中共の「スパイ」が流入していたのですか。国民党によるでっち上げではないのですか。

和夫さん　陳儀の軍隊、蔣介石の軍隊が台湾に来た時、多くの中国共産党員が紛れ込んでいた。こうして、大陸から中共党員が沢山台湾にやって来た。陳儀と彼の部隊は、蔣介石側に付くか、中共に付くか動揺していた。だって大陸での内戦で蔣介石・国民党軍が劣勢で中共に負けていることを知っていたのだから。蔣介石も陳儀に捕まえられそうになった。陳儀は中共に甘かったから、当然中共党員も紛れ込むことができた。……陳儀は二二八事件を起こしたでしょう。あの時は軍隊というより警察隊が発砲した。……それで、陳儀は責任をとらされ、蔣介石によって処刑されたわけだ。

林昭光氏　日本が敗戦し、国民党が来る前から共産党はいた。蔣介石が来る前だよ。日本敗戦時にはすでに沢山の共産党員が台湾にいた。台湾人だよ。台湾の知識分子が中共に入党した。日本時代に独立運動をした人々の中には国民党系だけでなく、共産党系もいた。その他、大陸の共産党ではなく台湾の共産党もあった。日本共産党と台湾の共産党との関係はよく分からない。昔は台湾の共産党は日本共産党の下部組織だった。謝雪紅は有名でしょう。だけど、この当時は双方の関係はよく分からない。台湾の共産党は日本共産党かな。例えば、桃園県亀山にあった青果合作社が台湾の共産党のたまり場だった。日本名は「松山」さんで、中国名は李奎吾という人がおり、警察の巡査だったが、日本人が帰国後、角板山の主監となった。「松山」さんは、国民党が「共産党員」として逮捕した最初の人物だ。牢獄に入れられて精神異常を来した。続いて石巻巡査部長と簡天貴「官派」郷長が逮捕された。「官派」とは選挙で選ばれたのではなく、上から派遣された郷長という意味ですよ。この三人が台湾の共産党として逮捕された。石巻と簡天貴は釈放されたが、簡は家に戻ってから自分で柩を準備し、そこで寝起きしていた。「いつ死んでも大丈夫なように」ということだ。精神異常を来していたのかもしれない。李奎吾の武装部隊長は林元枝で、桃園県の芦竹郷郷長ですよ。彼も台湾の共産党で大陸の共産党ではない。

菊池　ロシン・ワタン、高澤照の処刑に関してもう少し詳しく教えていただけますか。

林昭光氏　高澤照（ガオガン・三光）は処刑前に頭がおかしくなっていた。彼はロシン・ワタンを信じていた。ロシンは医者だけをやっていたわけではない。行政でも、警察の仕事でも能力を発揮し、どんな仕事でもやる。人事にも力を有していた。それで、高澤照も巡査になることができ、そうした恩義もあった。……ところで、ロシンだけが医専に入ったわけではなく、もう一人おり、計二人だった。もう一人（馬武督社頭目の息子。姓名不詳）が病弱だったため、結局、ハジュン・ウスン（やはり角板山ではあるが、別の頭目の息子）、日本姓名は「宇津木一郎」で、中国姓名は「高啓順」という。彼がロシンの医専時代の同学である。中華民国になってからも医者をやっていた。耳が悪く、患者に「エー、何？」と何度も聞き返すので、医者としての信頼はもう一歩であった。彼は酒ばかり飲んでいた。決して政治には口を出さなかった。そこで、ロシンが逮捕されたが、彼は逮捕されることはなかった。……

僕が解放され、西側の建物の二階にいた時、東側の牢獄からロシン、高一生、湯守仁の三人が出てきたのを見た。縄を掛けられ、プラカードを首から下げ、後ろ手に縛られて軍法処の正門に歩いてきた。そこにはトラックが待っていて高と湯の二人は暴れたが、トラックに投げ上げられた。ロシンは暴れたりはしなかった。おそらく法廷では判決を読み上げず、台北市の河原（青島東路の近くか）で判決を読み上げ、すぐに射殺したのだろう。

菊池　ロシン・ワタンは中国語の文章を残しています。日本語の文章や漢字は書けるでしょうが、中国語の能力はどの程度だったのでしょうか。

林昭光氏　当然、ロシン・ワタンは全く中国語はできない。話すことも聞くこともできない。ロシン・ワタンの中国語の文章は、おそらく日本語で書いたものを誰かに訳してもらったのでしょう。

菊池　それなら捕縛され、入獄していた時、通訳はいたでしょうが、中国語での尋問もよく分からず、恣意的に書かれた調書などを読むことができず、理解できないまま署名させられた可能性もありますよね。

四　三年半の拘留に関して

菊池　「白色テロ」で、林昭光さんが捕縛されたのは何年のことで、理由は何ですか。

林昭光氏　民国四二（一九五三年）年一二月二日、警察局から「相談することがあるから」と呼び出され、そのまま保安司令部（軍）に連行された。当時、情報部の手先をする沢山の「線民」がいた。「線民」には平地人や「山の人」がなっていた。情報を提供すると、賞金が出る仕組みになっている。だから、賞金稼ぎの「線民」に密告されたのだ。保安司令部では、僕は「赤い帽子」（共産主義者）をかぶらせられた。その理由として「日本共産党と関係がある」とか、「中共と関係がある」とか根も葉もないことをでっち上げられたのだ。はっきり言って、僕は共産党が好きでなかったにもかかわらずにである。

僕はその以前にも国民党に何回も捕まえられそうになった。だから、「この位のことはやられるだろう」と覚悟していた。その時、僕は未判決者であったが、捕縛された当日、国民党軍の参謀長（日本陸軍士官学校出身）と論争した。参謀長が「なぜ、おまえは国家に反抗するのか」と言うので、僕は「国民党は中共との内戦に負けて大陸から台湾に逃げて来た。それは大陸で人民をかわいがらなかったからだ。同じことを台湾でもやろうとしている。人民を虐待すべきではない。国家の前途を憂いてこうしたことを言っている」と述べた。当時、僕は二五、六歳で度胸があった。家に帰ってきた後、すぐに捕まえられた。結局、板橋の土城清水にある警備司令部軍法処（元保安司令部）の「感訓（感化訓練）処」（生産教育実験所）に入れられた。こうして、三年半も拘留され、「再教育」を受け、洗脳された。

一部屋は一〇〇人。一人一ベッド。僕たちはこれを「一個中隊」と言った。五部屋あり、五個中隊であり、総計五〇〇人ということになる。内、「一個中隊」は女だけであった。なお、高砂族は角板山の僕以外に花蓮、阿里山、苗栗の三人がおり、計四人いた。この中で僕を含む五人だけが「農業指導証」を発給され、教育係を担当した。豚肉などを買いに町にも行けた。監視員も付いては来ない。「なぜ逃げなかったのか」って、逃げられるものではないし、逃げてもしようがない。

林昭明氏　私の場合、全く違って厳しかった。一部屋二五人位であるが、鉄格子があり、板間に雑魚寝させられた。

五　補充質問　「蛮」と「蕃」、姓、および蕃刀と銃

菊池　分からないところが、素朴な質問を含めて幾つかあります。また、新たに聞きたいことがあります。

林昭光氏　遠慮せずに何でも聞いてください。分かることは何でも答えます。

菊池　聞こうとしてまだお聞きしていなかったと思いますので、まず略歴をお教えください。

林昭光氏　一九三〇年から蕃童教育所で学んだ後、さらに二年間補習科で勉強をした。戦時期は日本に行き、内務省の幹部候補生、戦後は郷長（写真31）などを歴任したが、「白色テロ」で弾圧され、前にも言ったとおり警備司令部軍法処の「感訓処」に入れられ、三年半も拘留された。

写真31　郷長時代の林昭光氏（林昭光氏の提供写真）

菊池　「蛮」と「蕃」という字に相違はありますか。

林昭光氏　「蛮」は野蛮人という意味で人間だが、「蕃」は「人間ではない」、「人間の範疇には入れない」という意味でしょう。清朝時代には（その政策や文化を受け入れた）「熟蕃」には姓、例えば、「陳」とか、「王」とか、「黄」とか一二の姓だけは付けて

よいことになったが、（清朝に抵抗する）「生蕃」には姓を付けさせなかった。

菊池　タイヤル族の特徴、性格などを一言でいうと、どうなりますか。

林昭光氏　タイヤル族は勇敢で、戦争（戦闘）が好きで、死を恐れない。その上、草木の音をたてずに進むことができる。……曾祖父は日本に抵抗し、日本軍を相手に戦った。強いし、恐い顔をしている。僅か十数人で襲い、一〇〇人の日本人（日本兵）の首をとった。

菊池　敵などの襲撃に備えて見張りをする望楼は角板山にありましたか。

林昭光氏　望楼があったとは聞いていない。

菊池　男が入れ墨を入れる場合も女が施術するのですか。

林昭光氏　男女とも女がおこなう。男はまず顎に入れるが、額は簡単には入れられず、首狩りをしないと入れられない。そのため、三〇歳、四〇歳になっても額に入れ墨を入れられない男がいた。「勇武」の象徴であった。そのため、子供が首狩りをして、父が採ったことにすることもあった。

菊池　「出草」は馘首であるが、なぜ「草」という文字を使うのですか。また、「出草」の場合、別の部落を襲撃し、そこの父母を馘首した後、孤児となった子供を連れ帰り、自分の部落で自分の子供として育てることもあると聞きますが、角板山では人質や奴隷として扱ったことはないのでしょうか。

林昭光氏　「出草」は元来、山の言葉ではない。日本時代、日本人が使った言葉でしょう。おそらく

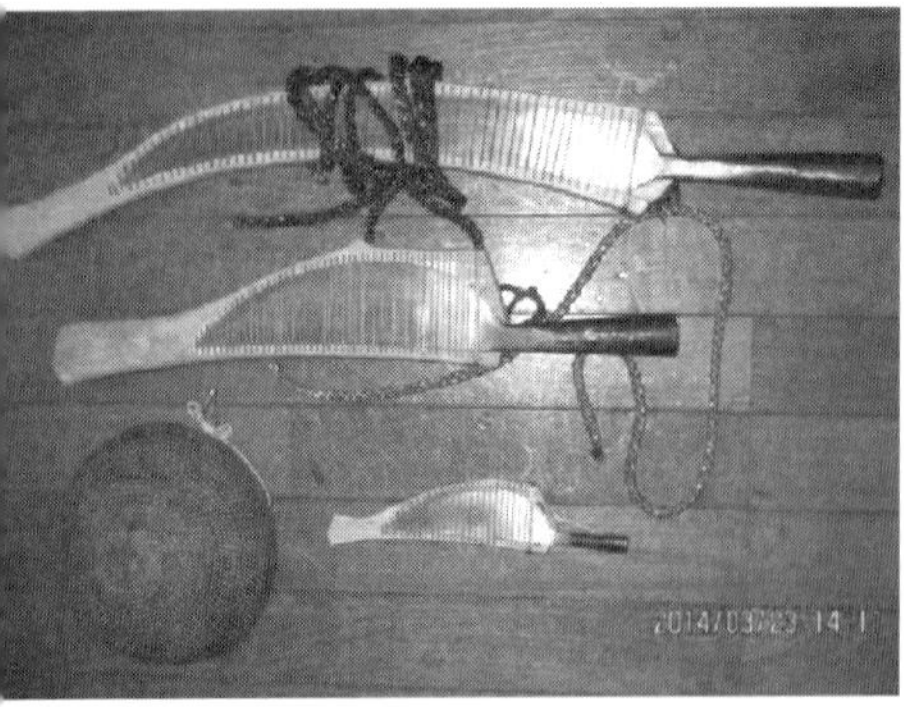

写真32　大中小の蕃刀と，左下は帽子（筆者撮影）

写真33　自作の蕃刀を持つ林昭光氏（筆者撮影）

草むらから突然飛び出して襲撃するという意味でしょう。……子供を連れ帰り、人質や奴隷にしたことはないと思う。こうしたことは聞いたことがない。

菊池　蕃刀を見せていただけると言ってましたよね。

林昭光氏　そうそう。ちょっと待ってください。持って来ますから。……でも、これは昔の蕃刀ではなく、最近、僕が自分で作った蕃刀です。大、中、小三種類ありますよ（写真32）。蕃刀はこのように持つ（写真33）。持ってみますか。……これは狩りに行く時などに被る帽子です。

菊池　大刀は一メートル二〇センチ位、中刀は約六〇センチ、小刀は約三〇センチ位ですかね。実際、大刀を持ってみると、鋼のようでずっしりと重く、刃が極めて鋭利ですね。日本刀のように柄《つか》と刀身が分離しておらず、一つの金属で繋がっていることは初めて知りました。

林昭光氏　装飾的な面もありますが、滑らないように柄には布を巻く。そして、柄は丸く空洞のままで、小刀の場合、そこに棒を入れて槍・長刀《なぎなた》としても使用できる。また、帽子（材料は葦と思われるが、編み目が細かい）はこれで水くみもできるし、食事もできるし、山豚の肉を盛ることもできますよ。

菊池　銃は回収され、警察に管理されて一定期間の狩猟時期だけ、僅かな銃弾とともに貸し出されたのですよね。

林昭光氏　銃は取り上げられた。だけど使いものにならない古い銃や壊れたものは返して寄こした。そこで、銃を弓に改造し、ゴムを使用し、矢が飛ぶようにした。矢の先は動物によって異なる。一叉、二叉、三叉などがあり、一つは鋭く、山豚を狙う場合に使用した。当然、人間に対しても殺傷能力がある。狩猟物はムササビ、狐、狸、山豚などであり、狐も美味ですよ。……それから昔はウナギをよく捕った。大きなウナギは一メートルから一メートル五〇センチもあった。太さ一〇～二〇センチもあり、輪切りにして焼いたり、スープにするととても美味い。今、ダムになっているところで大きく成長したのですよ。現在は、ウナギも鮎もダムのせいで遡上できなくなり、大きく育たない。……生蕃鯉は日本で言えば、ハヤのような魚で、小さいものは唐揚げにした。

菊池　義勇隊と志願兵の問題で、林昭光さんは強制ではなく、原住民側の主体性、熱意と言いましたが、戦争の推移によって変化しなかった、一貫してそうだったのでしょうか。

林昭光氏　原住民の積極性、熱意か強制か時期によって異なる。当初、我々は主体性、熱意を発揮した。だが、日本は戦況が悪化すると強制的になった。

写真34　日本人警官が角板山の交易所を説明
「日治時期角板山原住民与日本人間之交易」
（『台湾高砂古写真』https://www.youtube.com/watch?v=seClSNjnLdU&feature=youtu.be）

写真35　角板山交易所の状況（同上）

菊池　日本植民地時代にマーケットもできましたね[1]。

林昭光氏　日本人警察の指導で角板山にも市場ができた。交易所と言った（写真34・35）。日本時代になってもしばらくは物々交換だったが、次第にお金で売買するようになった。

菊池　葬儀は、伝統的に昔は「室内葬」として家の床下に埋葬するというが事実ですか。壺に入れるのですか。屈葬ですか。

林昭光氏　家の出入り口の前に埋葬する。その家は竹で簡単に造った家であり、葬儀後は住まず、家を捨てる。そして、他地域に移動する。壺などには入れない。壺は貴重なものだから……。家の出入り口に穴を掘り、膝を抱いた形で蕃布で軀全体を包み、穴に静かに入れる。そして土をかぶせ、頭の辺まできたら、頭の上に板を置き、さらに土をかける。……蕃布は日本で言えば、大きな風呂敷のようなもので使用法は多い。例えば、物を包むことはもちろん、服としてまとう。赤ん坊を背負う時も使用する。

【註】

（1）元来狩猟民であった原住民は日本に銃を奪われたため、銃を高価で密購入しようとした。一方で日本は密交易に厳罰を下すと共に、他方で警察協会下に官営交易所を各地に設けた。そこでの売買を許可したのである。元来、原住民は物々交換であった。特に山地に住み、「土牛」や「隘勇線」によって移動を制限されていた原住民は海塩、およびマッチを欲しがった。一九二九年段階で交易所において原住民は農産物、民芸品、獣皮などを販売し、塩、マッチ、農具、日用品、医薬品などを購入した。なお、日本の方針で、狩猟品である毛皮などは「殺伐の風」を助長するとされ、政策的に安く買い叩かれた。このように、日本植民地になってからもしばらく物々交換が主であったが、一九二〇年代後半から次第に貨幣が使用され始めた（菊池一隆「台湾原住民の制限された交易・流通」、愛知学院大学文学部歴史学科『飛翔』第一一号、二〇一三年七月など）。

【証言5】林茂成・林昭光両氏に対するインタビュー

伝統文化・日本植民地・戦争・国民党政権

はしがき

二〇〇六年八月一三日、筆者は和夫さんとロシン・ワタン（日本名「日野三郎」、中国名「林瑞昌」）の長男林茂成氏（一九三〇年生まれ）の自宅を訪れた。細みの軀で、優しい感じのする老人であった。退職後、現在は家の前の畑で農業をやっているという。したがって、息子としての立場から国民党政権によるロシン・ワタン処刑の「白色テロ」、それが家族にどのような影響を及ぼしたのかを直接語れる貴重な人物といえる。林茂成氏が連絡してくれていたと見え、林昭光氏も来てくれた（写真36）。

写真36　林茂成氏（左）と林昭光氏（筆者撮影）

インタビューが終わった後、昼食は近くの料理店で馳走になった。一つの皿の肉が柔らかく美味だったので、「この肉は何ですか」と聞いた。林茂成氏によると、「キョンの肉です。大人になっても小型の鹿ですよ。昔はこの辺でも捕れたが、今は高い山や、深山に行かなければ捕れない。激減したので、保護動物に指定されている。でも、『山の人』が現金収入のため、ある程度捕っている。本当はよくないのだけれども、政府の方も『一定数ならば』、と黙認しているのではないですか」ということであった。

一　タイヤル族の伝統文化について

菊池　入れ墨について和夫さんにも聞きましたが、関心があるので詳しく教えていただけますか。

林茂成氏　入れ墨は台湾原住民の中で、タイヤル族のみである。男の場合、唇の下の入れ墨は成人した時に入れ、額には「敵」二人、主に平地人の閩南人の首であるが、他の少数民族の平埔族と日本人の首を狩った時、入れ墨を入れた。後に二人は酷ということで一人の首でよいことにした。入れ墨は男にとって「勇敢」の象徴であった。これを入れなければ、結婚はできない。女は唇の上が成人の時に入れ、唇の下は女の仕事が満足にできるようになった時に入れる。成人は一五歳頃です。

菊池　タイヤル族の狩猟は有名ですが、他にどのような仕事をしていたのですか。

林茂成氏　女の仕事は機織り、料理、洗濯、畑の草取りなどがある。男の仕事は狩猟と焼き畑などである。大きな木の枝葉を切り落とし、それを放置して、枯れた後に火をつける。家は移動のため、竹や茅で簡単に造る。移動する時、柱だけは持っていき、新たなところでまた焼き畑をする(1)。

菊池　焼き畑ではどのような作物を作っていたのですか。

林昭光氏　焼き畑は第一年目は陸稲、第二年目は芋、第三年目は栗という具合に、輪作する。そして、三年目の終わりに木を植え、木を残す。これは土壌の保護に役立つ。

菊池　どのような木を植林するのですか。

林昭光氏　ハンの木（榛の木。カバノキ科の落葉高木。山地の湿地などに自生するが、田畑の畦に植える。約二〇メートルの高さに達する。木材は薪、家具、建築に利用する。また、樹皮と果実は染料の原料）などですよ。約一〇年後に戻ってくると、そこは森林となっている。ハンの木は板の材料となるため、現在は減ってしまった。いわば頭目組織があり、移動時期は部落、家族、親族が一致団結して移動した。今は漢族の習慣の影響を受けてあまり団結しないし、団結したくともできなくなった。タイヤル族の中でも組織が種々異なり、なかなか団結できない。

林茂成氏　移動の時、家の柱は持っていく。それを「烏心柱」という。柱は欅や樫の木を使用する。木の皮は削り、芯だけを持っていく。今は竹が増え、そうした木々を駆逐してしまった。

林昭光氏　元来、タイヤル族は食事は二回であった。朝食はない。焼き畑は男がおこない、農作業自体は女がする。

和夫さん　それから台湾原住民の中でタイヤル族だけが一夫一婦制だよ。

二　日本植民地時代におけるタイヤル族の抵抗と融和

菊池　清朝時代末期、日本植民地時代初期にタイヤル族は激しく抵抗しましたね。

林昭光氏　日本時代には、日本語が他部族との共通語となった。タイヤル族には元来、文字がなかった。日本時代、私は自助会長であった。戦後の郷長に匹敵する役職だ。当時の頭目が日本時代には「自助会長」、戦後は「郷長」に就任した。……ところで、抵抗する際、伝達は声、火、狼煙でおこない、例えば、ゲリラ戦などの重要事項は人員を派遣する。

菊池　タイヤル族は台中から台湾北部までかなり広く分布していますが、声、火、狼煙、および人員派遣などで、連絡は可能ですか。また、台湾中部から台湾北部までタイヤル族の言語は同じなのですか。

林昭光氏　台中から角板山までの直接の連絡はほとんど不可能です。でも、ある地域のタイヤル族が立ち上がったと聞けば、近隣のタイヤル族が立ち上がる。どういったらよいか。例えば、台中のタイヤル族がゲリラ戦を開始すると、まず近隣のタイヤル族が立ち上がり、次々と立ち上がり、次第に角板山まで波及してくる。……タイヤル族の言語は基本的に同じだ。もちろん地域によって異なり、地方弁もあるが、基本的に通じる。

タイヤル族では、頭目が「太陽あって水あれば」と言い出した時、全てが決定されたことを意味する。すなわち、「太陽」と「水」とは「人間の生命」を意味し、紛争解決の手段として部族が一つに団結することを意味する。タイヤル族存続のために一致団結する。高砂義勇隊を結成した時もそうであった。高砂義勇隊はもちろんタイヤル族だけで組織されたものではない。しかし、あの時もタイヤル族の頭目が「太陽あって水あれば」と言った。したがって、タイヤル族は一致団結して志願兵となったのだ。日本によって強制されたものでは決してない。これは徴兵ではなく、自ら志願したのだ。中国大陸の連中や外省人は強制されたと言っているが、それは間違いだ。……結局、原住民は志願兵となり、閩南人は軍夫として徴用された。だが、日本は制海権も制空権も失ったのだから、必然的に敗戦したと思う。

菊池　他にも事件がありましたね。

林昭光氏　日本領有初期、「蕃匪」事件というのがあった。この時の「蕃」はタイヤル族のことで、タイヤル族は日本によって「生蕃」と呼ばれていた。台湾人「土匪」約五〇〇人が新店、桃園で日本軍に敗北して角板山のタイヤル族に助けを求めた。タイヤル族は「義」を重んじ、台湾人の「土匪」を匿った。そして、「匪」と「蕃」が協力して日本軍に抵抗した。当然、「蕃」が力量的に中心となり、戦った。その後、枕頭山事件が起きた。この戦闘で、タイヤル族六人が死に、日本軍は食糧運びの台湾人を含む四〇〇～五〇〇人が死んだ。

菊池　タイヤル族が日本軍より優勢であったということですか。

林昭光氏　もちろん、この戦闘ではそうだ。

菊池　戦闘に行く時は酒とかを用いて何らかの儀式をするのですか。

林昭光氏　戦争に行く時は「水」、また「首狩り」に行く時も「水」を使った。頭目とは「水（生命）をもつ人」という意味である。戦争、戦闘に行く時、「水盃」である。酒は使わない。「大仕事」が終わったら酒を飲む。狩ってきた首を、子供たちが駆け足でやって来て取りあった。

三　戦争末期について

菊池　では、戦争時期のお話をお聞かせください。角板山にもアメリカ軍による爆撃はあったのですか。

林茂成氏　角板山には空襲がなかったけれども、台湾各地が爆撃を受けた。特に新竹は飛行場があった関係上、B52に猛爆撃を受けた。日本人官舎は屋根に黒い瓦、台湾人官舎は赤い瓦を使用していた。そのため、黒い瓦の日本人官舎だけが虱潰しに狙い撃ちされた。……当時、私は台湾におらず、佐世保の予科練〈周知の通り、一九三〇年に海軍によって創設され、飛行搭乗員養成を主目的に中学四年一学期修了者〈甲種〉、高等小学校卒〈乙種〉に分かれ、志願制である〉で、海上特攻隊の訓練を受けていた。高雄に軍港があり、私は、一人乗りの船に黒色火薬二〇〇キロ位を積んで敵艦に突撃し、自爆することになっていた。だが、アメリカ軍は沖縄に上陸し、台湾には上陸しなかったことから、この計画は実施されなかった。そこで、私は死なずにすんだ。こうして、日本内地と台湾は完全に切り離され、連絡不通となった。

菊池　アメリカ軍は中間地域の沖縄を攻撃することで、日本と台湾の関係を切り離す目的もあったのかもしれませんね。では、林昭光さんは当時どうしていましたか。

林昭光氏　私は和歌山県明野の秘密基地にいた。幹部候補生で、内務省所属である。日本での体験から言えば、焼夷弾は本当に怖い。全てを焼き尽くしてしまうのだから……。皆、川に逃げる。そして、息をつくために顔を出している。しかし、火と熱風が川面を走る。そのため、顔が焼かれた。また、飛行機からの機銃掃射に対しては動いてはだめだ。死んだ振りをして倒れていることが大切だ。動くとどこまでも銃撃され、弾が連続で追いかけてくる。

菊池　詳しいですね。

和夫さん　林昭光氏さんは二五歳の時、人口一万二〇〇〇人の「角板郷」の郷長〈国民党政権時代は復興郷郷長に就任。日本植民地時代は自助会長であった〉になったからね。だから、現在、生存している人の中ではもっとも詳しい。タイヤル族に関しては、彼から聞いて書いているものも多いが、正確に書いていない。間違いだらけだ。彼が死んだら本当のことを話せる人がいなくなってしまう。

菊池　さきほどから出ている「角板郷」とは何ですか。

和夫さん　今の復興郷のことですよ。復興郷は国民党がやって来てからの名称だよ。

林昭光氏　戦時中、この辺（角板山）は山本大尉が統治していた。野戦軍が最初に枇杷を自ら食すために植えた。その後、この辺は枇杷の産地となっている。渓口台の水田は日本人が指導した。

四　国民党政権時代について

林昭光氏　一九五〇年、角板山に蔣介石が入った。角板山には、蔣介石の貴賓館があった。

和夫さん　これは、昭和天皇が皇太子時代に使用するはずであった別荘を、蔣介石が貴賓館にしたのですよ。総檜造りで立派な建物であったが、一〇年ほど前、大火事で燃え、跡形もなくなった。檜は油を含んでいるから燃えやすい。

菊池　林茂成氏の経歴を教えていただけますか。

林茂成氏　私は戦後、すぐに国民学校の教師（代用教員）になった。その時の生徒に和夫がいた。

和夫さん　そう私の先生。でも年齢は八歳しか違わない。

写真37　林茂成氏の自宅前での記念撮影

林茂成氏　子供の時の八歳の差は大きいし、師弟関係は重要だぞ。……こうして、私は教師をしたけれども、日本語と台湾語しか話せない。必死で北京語を勉強して、授業では簡単な話は北京語で、難しい話は日本語と台湾語で説明した。努力していた。にもかかわらず、「日本語と台湾語の授業だ」といって、外省人教師に数々の批判と嫌がらせを受けた。日野三郎（ロシン・ワタン）の子供だということで、ひどかったのですよ。道が整備されていないところに転勤させ、通えないようにした。致し方なく学校を辞めて、一般会社（材木関係）の会計に転職した。……二二八事件が終わっても、台湾は三八年間も戒厳令を敷いていた。こんな国がありますか。世界に類例がない。私の弟（林茂秀）は建国中学高中部を卒業したばかりなのに、二年間も拘束され、獄中にいた。「知りながら報告しない」という訳も分からない罪でですよ。下手なことを話せば、友だちを陥れてしまう。

菊池　今、次男の茂秀さんはどうしていますか。

林茂成氏　弟は獄から解き放たれた後、日本に留学して愛知医専を卒業した。内科医になり、日本で開業していたが、体調を壊し、台湾に戻ってきた。今、七五歳ですが、脳梗塞で寝たきりです。

菊池　いろいろ教えてくださってありがとうございます。最後に皆さんで記念撮影をしましょうか。

林茂成氏　そうですね。外の方がいいでしょう（写真37）。

【註】

（1）ここで、簡単にタイヤル族の住居について説明しておこう。現在は、日本や中国家屋などの影響を受け、伝統的住居はすでに消失し、博物館などで僅かに窺い知ることができるだけである。果たして伝統的住居はどのようなものだったのか。タイヤル族の住居は高山中腹の平坦な場所に建てられた。家を建てるのは一大イベントで、親戚や村落の成年男子が相互扶助で手伝ってくれた。報酬はないが、完成後、酒宴で歓待する。主要部分は支柱、棟、梁によって構成される。中央部分が高く、屋根は両側に斜めというから旧来の日本民家に似ている。ただし屋根は藁葺きや瓦ではなく、平らに加工した石板や竹、木皮、もしくはそれを組み合わせたものである。木釘などは用いず、縛って連結する。壁は木の柱を立て竹を編み用いる。睡眠や休息する部屋の床も竹を編んだものを用い、床下は四〇～六〇センチである。昔、タイヤル族は「室内葬」であり、死者は長老が寝る部屋の下に埋葬した。家の周辺には菜園、穀物倉庫、鶏小屋などがある。タイヤル族は台湾原住民の中で、もともと唯一、一夫一婦制とされる。娘は結婚すると家を出て新たな家を建てる。したがって、大家族制ではない（①宋光宇主編『泰雅人―台湾宜蘭県武塔村調査―』雲南大学出版社、二〇〇四年、②達西烏拉彎・畢馬『台湾的原住民―泰雅族―』台原出版社、二〇〇一年など参照）。

【証言6】林茂成氏に対する単独インタビュー

「白色テロ」下での父(ロシン・ワタン)の逮捕・処刑とその後の家族

はしがき

前回のインタビューでは十分お聞きすることができなかった部分もある。そこで、インタビューを再びお願いし、二〇一一年三月二五日に林茂成氏自身のこと、二二八事件、「白色テロ」におけるロシン・ワタンの逮捕と処刑、およびその後の家族の生活などに焦点を絞って質問した(写真38)。

写真38　林茂成夫妻(筆者撮影)

一　林茂成氏自身について

菊池　お生まれはいつですか。日本植民地時代の名前はありますか。

林茂成氏　角板山で昭和五（一九三〇）年二月一〇日に生まれました。タイヤル名はユカン・ロシンです。私の日本名は「日野茂紀」といった。当時は、茂「成」ではなく、「紀」という漢字を用いていた。父の日本名「日野三郎」の「日野」という姓は母の姓からとったものです（写真39）。

菊池　略歴をお教えください。

林茂成氏　私は台北市の東門小学校に入学したが、その後、叔父である母の弟をたよって東京小石川区にある林町小学校に転校し、三年間通った。ところが、叔父が「満洲国」に行き、満鉄に勤めることになったため、苗栗県の太湖小学校五年生に編入し、三学期から学び、六年生で卒業した。それから新竹中学に入学したが、高雄の海軍予科練習生海上特攻隊に徴兵された。日本敗戦により新竹中学に復学し、旧制四年制を卒業した。その後、新制の建国中学高級部（旧台北一中）二年生に編入した。当時、建国中学は省議会の隣にあった。……この頃、母の精神状態が少しおかしくなっていた。……一九四六年に日本人が去った後、中国式の教育に変わった。中国語での授業であり、聞

写真39　阿里山賓館での記念撮影　右側手前がロシン・ワタン夫妻。子供は左から林茂成，林茂秀。ロシンの左背後にいるのが高一生，右背後が湯守仁である。高一生の左にいるのが高澤照，一番左端が武義徳であろうか（林茂成氏の提供写真）

いていても分からない。それでも授業に出続け、必死で漢字で理解するように努めた。だけど、なかなか話が分からない。

二　二二八事件について

菊池　二二八事件は建国中学時代ですね。

林茂成氏　この時、世相は荒れていた。二二八事件の前のことだが、和夫が通った国民学校校長の娘を国民党軍兵士が強姦する事件が発生した。こうしたこともあって、台湾人は国民党に対してかなりの不満を持っていた。いつ爆発してもおかしくない状況だったのだ。……日本時代、賄賂を持っていくと、日本人は「馬鹿にするな。なめているのか」と言って殴った。暴力を振うことはよくないが、日本人は潔癖だった。ところが、中国人は賄賂を持っていかないと怒る。日本人が残した金や物を私物化した。公的な物まで私物化したのですよ。二二八事件の契機となった老婆から煙草を取り上げた事件だってそうでしょう。

菊池　あの事件の契機は、警官が一応法律に基づいて無許可の闇煙草を没収したのですよね。老婆は生活のためにそれを売らざるを得なかった。そこで、闇煙草を取り戻そうとした老婆が殴られ、大衆の怒りが爆発した。

林茂成氏　少し違いますよ。あの警官は警察署に没収した煙草を持っていくのではなく、自分のものにしようとしたのですよ。「煙草をくれないと、商売をさせない」と言って、つまり私物化しようとした。……現在、タイヤル族の貴重な古物、民芸品は全く残っていない。なぜなら角板山に蔣介石の別荘があったでしょう。蔣介石はそれらを別荘に飾り、私物化した。さらに接収官がそれらを私物化したからですよ。

菊池　角板山の歴史博物館などに展示しているのは二流品で、最も重要なものは消失したということですか。

林茂成氏　そうですよ。……二二八事件発生後、大変な混乱だった。警官に道で何か聞かれ、北京語が話せないと、殴られたのですよ。私は大学に進学したかったのだけど、時代が混乱しており、諦めざるを得なかった。当時、父（ロシン・ワタン）は省議員で忙しく、国民党当局と交渉、談判していた。それに母の面倒を見なくてはならない。私は長男だしね。……それで、建国中学を卒業すると、一九四九年四月、角板山国民小学校の算数教師（代用教員）となった。校長一人、教頭一人を除くと、教師は六人で六クラスあった。生徒は各クラス一五～二〇人位。

菊池　教師は多くは外省人ですか。

林茂成氏　美術教師が外省人、四人が本省人、そして私が少数民族。

菊池　教師時代、種々の嫌がらせを受けたと聞きましたが、具体的にどういうことですか。

林茂成氏　四年間、小学校教師をしたが、その間、角板山から引き離そうとした。五四年三月、大渓鎮内柵国民小学校、九月に八結国民小学校、福安国民小学校、五五年一〇月に八徳郷茄苳国民小学校など次々に新たな学校に異動ばかりさせられた。その間も、警察が家に何回も見回りに来た。……遠くなるし、当時、バスがあまりないし、致し方なくトラックに便乗させてもらって学校に通った。

三　父ロシン・ワタンの逮捕と林茂成

菊池　父親の日野三郎さん（ロシン・ワタン）が逮捕されたのは林茂成さんが教師時代ですか。

林茂成氏　そう。角板山で教師をしていた五二年一一月に父は逮捕され、台北にある省保安司令部軍法処の獄に繋がれた。その後、殺害されるまで一度も面会すら許されなかった。この年は大変な年だった。ショックからか、一二月に母も四九歳で死んだ。

菊池　日野さんが処刑されたのはいつですか。

林茂成氏　五四年四月一七日。この日、父は保安司令部で死刑宣告を受け、当日執行された。五五歳の生涯だった。……その日、学校に行くため、トラックに乗ろうとすると、情報員がやって来て「今日は仕事に行く必要がない」と言った。そして、私を食堂に連れて行き、そこの壁に貼ってある公報を見せた。公報には銃殺された者が列記されていた。父「林瑞昌」（ロシン・ワタン）の名前があった。角板山からは父を含めて二人で、もう一人はカオガンの三光派出所の警官であったが、父の紹介で省政府の刑務所に勤めた者ですよ。父と関係があるということで殺害したのだろう。

菊池　遺体を引き取りに行ったのですか。

林茂成氏　行きましたよ。遺体置き場に行ったが、沢山の遺体が並んでいて父をなかなか見つけられなかった。奥の方で、両手が後ろで縛られ、パンツ姿の父の遺体をやっと見つけた。縛ったまま、手の付近を至近距離から三発位撃ち、最後に首の後ろを一発撃って殺害したようだ。

当時の暗黒政治と言ったら、本当に口で言えないほど大変なものだった。例えば、①国民政府を批判したら懲役一五年以上、②二人以上集まれば、「不法集会」として懲役一五年以上、③「知りながら報告しない」という訳も分からぬ罪で懲役二年ですよ。言論・集会の自由なんて全くない。台湾は（一九四七年二月二八日から）三八年間も戒厳令下にあった。李登輝時代になってやっと戒厳令が解除された。世界各国で戒厳令を出しても、長くてせいぜい一、二年間ですよ。台湾の戒厳令は三八年間ですよ。世界に類例がない。

菊池　父親が処刑された後、林茂成さんはどのような嫌がらせを受けたのですか。

林茂成氏　私は「日野の息子」ですから公務員にはなれない。一九五六年、私は教師を辞めて民間の材木伐採商・勝和材木店で会計の仕事をした。五七年に復興郷供銷（購買販売）会の会計となった。

六五年に郷供銷会は復興郷農会に吸収再編され、会計係長となり、計一五年間位勤めた。この間も警官が来てピストルを突きつけ、「金庫を開けろ」と言う。私は会計面で一銭の誤魔化しも、間違いもない。嫌がらせです。あまりにひどいので、七四年に郷農会を辞め、再び民間会社に移り、前と別な材木伐採業・景進股份公司の会計となった。こうして、警官の強圧的な態度は少しは緩和したが、それでも度々やって来て「今、誰と交際しているのか」などと質問していましたよ。……郷農会から声がかかり、八五年に復興郷農会理事、九三年には郷農会理事長に就任しました。

写真40　ロシン・ワタンの墓（筆者撮影）

戒厳令解除後、しばらく経った一九九二年になって、やっと父の墓・祠堂をつくり、弔った。そして、父の銅像も建て、式典も開催したのですよ（写真40・41・42）。その時、復興郷の人々は昔を思い出して怖がり、二、三人しか来なかった。郷長も来なかったのですよ。そこで、復興郷以外の人々に対して、バス代など交通費を出して呼んだ。沢山の人々が集まり、盛大な式典となりました。……父が殺害された後、タイヤル族の人々は怖がり、互いに深く付き合わなくなり、人間関係が稀薄になりました。団結力がなくなってしまった。今でもそうです。

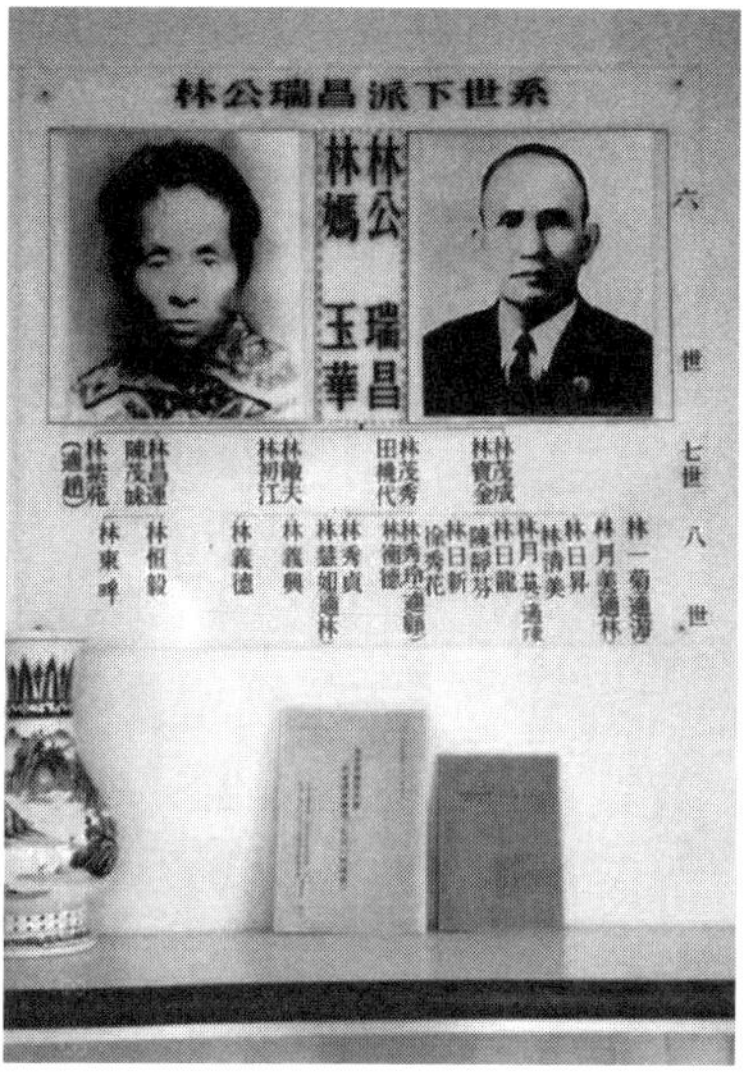

写真41　林家祠堂内の祭壇。ロシン・ワタン夫妻（筆者撮影）

写真42　ロシン・ワタンの銅像（筆者撮影）

菊池　最後にお聞きしたいことがあります。日本植民地時代の末期、一九四三年頃、烏来のタイヤル族が日本の指示を受けて、角板山のタイヤル族を襲ったと聞いたのですが、事実ですか。

林茂成氏　烏来のタイヤル族は、復興郷のタイヤル族と同じ系統で、親戚のような関係ですよ。復興郷は大きく、一部が烏来に移り住んだ。角板山から烏来までは僅か三〇キロしかなく、昔は歩いて互いに行き来していた。現在は山道がなくなってしまい、桃園、台北とバスや列車で迂回していくので遠い感じがありますが、本当は近い。だから、烏来のタイヤル族と角板山のタイヤル族が戦争したことはない。……日本時代、宜蘭県南澳のタイヤル蕃が三光のタイヤル蕃と戦ったことはある。それと勘違いしているのではないですか。それは山豚（猪）の狩猟区の争いですよ。

【証言7】黄栄泉氏に対するインタビュー

略歴・キリスト教徒となった契機・布教活動

はしがき

写真43　黄栄泉氏（筆者撮影）

私が和夫・緑夫妻に「タイヤル族の宣教師にインタビューをしたい」と依頼したところ、「適任者がいる」とのことで実現した。かくして、二〇一四年三月二二日に桃園県大渓鎮にあるタイヤル民族料理の泰雅大祐甫食堂で黄栄泉氏にインタビューした（写真43）。「少々体調がよくない」とのことで、顔色も優れなかった。そこで、長時間のインタビューは無理と考え、黄栄泉氏の略歴、キリスト教徒になった契機、布教活動などポイントを押さえ、大きく日本植民地時代、国民党政権時代に分けて質問した。国民党政権時代については二二八事件、「白色テロ」とキリスト教徒との関連に重点を置いた[1]。大人しい感じの人で、思い出しながら丁寧に答えてくれた。ただし短時間であったこともあり、十分お聞きできなかった点は残念であった。とはいえ日本植民地時代の状況、戦後、キリスト教はなぜ原住民に急速に信仰されたのか。その背景と理由、また蔣介石夫人の宋美齢の役割など、興味深く、今後、台湾原住民に対するキリスト教普及などを考察する際、ヒントを与えてくれるであろう。なお、同席者は和夫・緑夫妻と呉米淑（当時、愛知学院大学大学院在学中。台南出身）などである。

一　黄栄泉氏の略歴と日本植民地時代

菊池　生年月日をお教えください。生まれたところはどこですか。

黄栄泉氏　私は角板山で昭和七（一九三二）年一〇月一七日に生まれた。戦時中、警察官寄宿舎であり、今は消防局になっているところで生まれました。私の日本名は「原正次郎」です。

菊池　日本植民地時代はこの辺はどのような状況でしたか。

黄栄泉氏　日本時代には、原住民の多くは蕃童教育所で学んだ。だから原住民の教育水準は蕃童教育所のレベルであったといえる。ご存じの通り原住民には各部落があり、それぞれに各頭目がおり、分断していた。親はいわゆる教育を受けていなかったので、各部落において児童が蕃童教育所で学んだことを親に教える。つまり原住民の親は子供から種々のことを学んだのですよ。日本が配布した教科書には日本踊りや歌なども書かれていた。子供たちは日本人教師から「日本人は嘘をつかない」などと学び、そうしたことも親などに教えた。問題なのは、日本がタイヤル族の宗教を全面否定し、神社信仰に変えたことですよ。

菊池　黄栄泉さんも蕃童教育所で学んだのですか。

黄栄泉氏　日本時代、自分たちは「日本人」と思っていた。私の場合、日本人の子供が通学する大渓小学に六年間通った。この小学校は、原住民では頭目の子供しか入学できなかった。私は頭目の家庭出身なので、入学できたのですよ。

私は幼い頃から金ボタンの服、サーベルを身につけた警察官にあこがれていた。……ただし、元来、多くの頭目が集まる頭目会議では、子供を（警察に）差し出すと、「子供をとられる」と言って反対が多く、当初喜ばなかった。だが、子供を差し出すと、祖父は銃が貸与されるというので喜んだ。角板山にある警察官寄宿舎に各部落の子弟が入ると、着物がもらえる。食事も食べさせてもらえる。銃が貸与され、銃弾も使える。ところが父の弟（叔父）を警察に差し出したが、彼は寄宿舎生活に馴染めず、嫌がって家に帰ってきてしまいました。そこで、銃を返却せざるを得なくなった。

菊池　それで黄栄泉さんの父親（日本名「原藤太郎」）が代わりに警察官になったのですね。

黄栄泉氏　そうです。警察官寄宿舎では桃園町長や県長が来て教育した。礼儀作法などを教えた。父は一ヵ月一六銭が支給され、二年間警察官寄宿舎にいた。そこで、私は生まれた。その後、父は昭和一六（一九四一）年から一年間巡査補をした後、一九四二年に巡査に昇格し、警察事務などをおこなった。その後、駐在所勤務となったが、体調が悪化して依願退職した。そして、一九四四年に死去した。頭目の父が死去すると、弟（叔父）が後を継いで頭目となった。

私は昭和一六（一九四一）年、太平洋戦争が勃発した時、中学校一年生であった。その時、航空上尉（大尉）養成所を受験しようとしたが、病弱なため、「来年受験しろ」と言われた。マラリアのため、脾臓が腫れていたのですよ。戦争末期になると、台湾にはアメリカ軍のグラマンが飛来し、桃園、特に駅などを爆撃した。私が桃園農業学校二年生に在学していた時、終戦となった。

菊池 日本敗戦後は国民党政権ですね。どのような状況だったのですか。

黄栄泉氏 一九四六年に兄が巡査となった。二二八事件の時、桃園農業学校の学生が国民党政府に反抗したため、学校は国民党軍に占拠された。そこで、元来、私は新竹中学に進学しようと考えていたが、列車が通わず、通学に不便であった。そこで、致し方なく近隣の義民中学に進学したのですよ。この学校の体育教師が厳しい人で、マラソンなどをやらせられ、中壢の沼地を一周させられた。二年生の時、栄養不良もあったことから肋膜炎を患った。療養のため中学を中退せざるを得なくなった。治療に五年間もかかった。結局、義民中学にいたのは二年間だけです。

菊池 国民党政権下でタイヤル族社会にキリスト教が普及したと考えてよいのですね。

黄栄泉氏 そういうことになります。なぜなら日本が戦争に負けた後、神社信仰は完全否定された。

かといって最早タイヤル族は伝統宗教には戻れない。こうして、タイヤル族は精神的に極めて不安定な状態に置かれた。こうした状況下で、キリスト教伝教師の奥さんがアコーディオンを弾きながら「悪いことをしてはいけない」などとキリスト教の十戒を教えた。すると、タイヤル族の人たちは「ああタイヤルの伝統宗教と同じだ」と感じて、次第に熱心に信仰するようになったのですよ。

菊池　この時、黄栄泉さんも入信したのですね。その経緯とその後の活動についてお教えください。

黄栄泉氏　私は二〇歳の時、病気から回復し、キリスト教の長老教会に入信しました。私は牧師の辛忠輝に誘われて入信したのです。辛さんは元警察官で、それを辞職した後、牧師となった人ですよ。長老会のキリスト教会はアメリカの宣教師M・ジャクソンが開始した。陽明山に教会学校を創設し、辛はそこに入学し、学んだ。こうして私も入信し、長老教会の事務などを手伝った。

タイヤル族の入信者が多い理由は皆貧乏だったからですよ。戦後、物資が欠乏していた。長老教会はアメリカから着物、小麦粉を入手し、無料で分配した。さっき述べたとおり、当時、伝統宗教に回帰できないし、かといって神道を継続することもできないという状況に陥っていた。心の支えが必要だった。そこで、多くのタイヤル族が入信しました(2)。そのことは、タイヤル族の人々が集まる機会ともなり、また相互扶助の機会ともなったのですね。

菊池　二二八事件の際、タイヤル族のキリスト教徒はどのように動いたのでしょうか。影響はありましたか。

黄栄泉氏　二二八事件の時は、キリスト教会は全く影響がなく、いわば無風状態でしたよ。確かに中には質の悪い警察官もいて教会を弾圧しようとしたり、教会に対する献金を没収したりした。当時、説教は日本語を使用していた。聖書も日本語であった。それに加えて「山の言葉」であるタイヤル語も使用した。そのことに対して警察官が言いがかりをつけ、教会から日本語の聖書などを没収した。ところが、（蔣介石夫人の）宋美齢はキリスト教徒で外国との関係も深い。彼女が警察官のそうしたやり方を止めた。こうして、弾圧したり、聖書を没収したりした警察官は結局、左遷された。

菊池　一九五〇年代の「白色テロ」の時期はどうでしたか。

黄栄泉氏　蔣介石による「白色テロ」の時期、警察の大渓分局局長である外省人はタイヤル族の「山の警察官」に対して「鉄砲を差し出せ」と命令した。日野三郎さん（ロシン・ワタン）などはそのやり方に反対したが、タイヤル族には外省人に抵抗するだけの組織がなかったのですよ。

菊池　現在の状況をお教えください。

黄栄泉氏　私は、今は桃園県大渓郡に住み、長老教会の伝道師です。伝道の際は、「国語」（中国語）、台湾語、日本語を用いておこなっている。

菊池　現在でも伝道の際、日本語を用いているのですか。

黄栄泉氏　そうですね。今でも一定年齢以上の人々は日本語ができますから（写真44・45・46）。

写真44　黄栄泉氏へのインタビューを終え前面に緑さん。後ろには黄栄泉氏と和夫さん。タイヤル料理で乾杯（呉米淑撮影）

【註】

（1）前書でも書いたが、台湾原住民に対するキリスト教の伝播と普及の歴史についてここで述べておきたい。台湾南部はオランダ人、北部をスペイン人が占領し、主として原住民の間に伝教した。だが、十分に深く浸透せず、主権が代わると宣教師も去ったため、痕跡をとどめなかった。一八五六年、マニラの天主教会は聖父サンズを台湾に派遣したが、伝道は十分な効果はなかった。ただし、彼は力を貧民救済に用い、主に台湾の悪弊たる子棄て、幼女虐待の救済に力点をおき、二〇年間に救済・養育した者は六〇〇〇～七〇〇〇人に達する。その伝道本部は打狗（高雄）にあり、宣教師は一年百円の低収入に甘んじながら一生をこの事業に献身した。明治四（一八七一）年、スコットランド長老教会はウイリアム・キャンベル（William Campbell）を台南に派遣し、一八七二年、カナダ長老教会はジョージ・エル・マッケー（一八四四－一九〇一）を淡水に派遣し、伝道を開始した。両教会とも派遣した宣教師が有為、かつ剛健な性格だったため、原住民の心を開かせた。そして、広大な教会、整備した女学校を含む学校を設立するに至った。ことにマッケーは原住民と共に素足で旅行し、「生蕃」地域を出入りし、同じ台湾米を食べるという熱意を示した。その結果、原住民の中から男女の伝道者を生み出し、財産をキリスト教会に献ずる者も出た。キリスト教徒は清朝官吏と原住民の双方から迫害され、生命が危険な時期もあったが、ついに台湾の一大勢力となり、（一九〇五年頃）信徒は新旧両教で一万三〇八九人に上ったという（竹越与三郎『台湾統治志』博文館、一九〇五年、四九三～四九四頁）。

写真45　烏来の奥にあるタイヤル族が通うキリスト教会（筆者撮影）

写真46　マリア像（筆者撮影）

また、マッケーは医者ではなかったが、基礎的な医学を学び、伝道の時、診察、投薬もおこなった。したがって、台湾北部における西洋医学の提唱者とされる。淡水でイギリス人医者の協力を得た。患者が増大したので、一八七九年カナダからの献金で北部において最も早期の新式病院「偕医館」を創設した（戴宝村「燃焼自己奉献台湾的伝教師―馬偕―」『台湾近代名人誌』第一冊、一九八七年、三二六～三二七頁）。

このように、伝道、貧民救済、女子教育、医療など各側面で大きな足跡を残している。したがって、台湾漢人（現在の本省人）のみならず、台湾原住民とキリスト教の関係は看過できないのである。日本植民地化の過程で原住民に対してはキリスト教は禁じられたと考えられるが、それが日本敗戦後、蔣介石・国民党政権時期に原住民の中で一挙に復活したと見なせる。

ただし日本植民地時代には主に日本人を対象としたものがあり、台湾からキリスト教が完全に消滅したわけではない。例えば、日本基督教団台北幸町教会がある。一九一六年に教会は設立された。それは、日本人キリスト教徒の信仰とともに、台湾総督府による植民地統治の役割も果たした。台湾領有初期に活動した日本人キリスト教徒としては、日本基督教会の中村慶治などがいた。一八九六年には西門町に台北日本基督教会があった。キリスト教各派としては前述の日本基督教会の外、日本聖公会、日本聖教会、日本メソジスト教会があった。そして、一九三七年には信徒全体で五万三〇〇〇人余となった。だが、日本の南進以降、総力戦体制の確立のため、思想統制が強化され、四一年の改正治安維持法により宗教弾圧も強化された。同年、日本で各教派が合同して「日本基督教団」が結成されると、同台湾教区が成立し、戦争協力を目的に「北部基督長老教会報国団」が組織され、侵略戦争の翼賛体制に加担した(又吉盛清『台湾近い昔の旅〈台北編〉―植民地時代をガイドする―』凱風社、一九九六年、六八～六九頁)。

(2) 前述した如く、敬虔なキリスト教徒でもある林昭明氏は、筆者の質問に対して、戦後、原住民のほとんどはキリスト教徒とし、「日本時代は天皇、キリスト教ではキリストが神であった。……タイヤル族には祖先信仰があり、『天は太陽、地は水』、すなわち、『太陽と水』が生命の根源であると考えてきた。だから、ある時は天皇、ある時はキリストであっても、タイヤル族は天皇、キリストを『太陽』と重ね合わせて祈った。時代が変わっても祖先、太陽、水への信仰は一貫して微動だにしない」と強調している。

主要関連文献

※読者の参考に期すため、主要関連文献をあげておきたい。原則として出版順である。なお、論文は除外している。

【日本語版】

王育徳『台湾―苦悶するその歴史―』弘文堂、一九七〇年

楊逸舟『台湾と蔣介石―二・二八民変を中心に―』三一書房、一九七〇年

戴国煇『台湾―人間・歴史・心性―』岩波新書、一九八八年

又吉盛清『日本植民地下の台湾と沖縄』沖縄あき書房、一九九〇年

石橋孝『旧植民地の落し子・台湾「高砂義勇隊」は今』創思社、一九九二年

伊藤潔『台湾―四百年の歴史と展望―』中公新書、一九九三年

土橋和典『忠烈抜群・台湾高砂義勇兵の奮戦』星雲社、一九九四年

門脇朝秀編『台湾　高砂義勇隊』あけぼの会、一九九四年

近藤正己『総力戦と台湾―日本植民地崩壊の研究―』刀水書房、一九九六年

林えいだい『証言　台湾高砂義勇隊』草風館、一九九八年

鄧相揚著、下村作次郎等訳『抗日霧社事件の歴史』日本機関紙出版、二〇〇〇年

柳本通彦『台湾先住民・山の女たちの「聖戦」』現代書館、二〇〇一年

若林正丈『増補版・台湾抗日運動史研究』研文出版、二〇〇一年
同『台湾の政治―中華民国台湾化の戦後史―』東京大学出版会、二〇〇八年
台湾史研究部会編『日本統治下台湾の支配と展開』中京大学社会科学研究所、二〇〇四年
松田吉郎『台湾原住民と日本語教育―日本統治時代台湾原住民教育史研究―』晃洋書房、二〇〇四年
同『台湾原住民の社会的教化事業』晃洋書房、二〇一一年
春山明哲『近代日本と台湾―霧社事件・植民地統治政策の研究―』藤原書店、二〇〇八年
川島真・清水麗・松田康博・楊永明『日台関係史　1945-2008』東京大学出版会、二〇〇九年
呉密察監修・遠流台湾館編著・横澤泰夫編訳『増補改訂版：台湾史小事典』中国書店、二〇一〇年
山路勝彦『台湾タイヤル族の一〇〇年―漂流する伝統、蛇行する近代、脱植民地化への道のり―』風響社、二〇一一年
菊池一隆『東アジア歴史教科書問題の構図―日本・中国・台湾・韓国、および在日朝鮮人学校―』法律文化社、二〇一三年
同『台湾北部タイヤル族から見た近現代史―日本植民地時代から国民党政権時代の「白色テロ」へ―』集広舎、二〇一七年

【中国語版】
陳木杉『二二八真相探討』博遠出版有限公司、一九九〇年
楊碧川『二・二八探索』克寧出版社、一九九三年
中央研究院近代史研究所『二二八事件資料選輯』(一)～(六)、一九九二～九七年

陳芳明編『二二八事件学術論文集』前衛出版社、一九八八年
林書揚『従二・二八到五〇年代白色恐怖』時報文化出版企業股份有限公司、一九九二年
藍博洲『白色恐怖』揚智文化事業股份有限公司、一九九三年
洪英聖『台湾先住民脚印―十族文化伝奇―』時報文化出版企業股份有限公司、一九九三年
李永熾監修・薛化元主編『台湾歴史年表―終戦編Ⅰ（1945－1965）―』一九九三年
同『台湾歴史年表―終戦編Ⅱ（1966－1978）―』一九九〇年
同『台湾歴史年表―終戦編Ⅲ（1979－1988）―』一九九二年
藤井志津枝『理蕃：日本治理台湾的計策』文英堂、一九九七年
劉鳳翰『日軍在台湾―一八九五年至一九四五年的軍事措施与主要活動―』（上・下）、国史館、一九九七年
台北市文献会（台北市政府委託・台北民衆史工作室受託）『五〇年代白色恐怖―台北地区案件調査与研究―』一九九八年
達西烏拉彎・畢馬（布農族）『台湾的原住民―泰雅族―』台原出版社、二〇〇一年
瓦歴斯・諾幹（余光弘）『台湾原住民史―泰雅族史篇―』国史館台湾文献館、二〇〇二年
李筱峰・林呈蓉編著『台湾史』華立図書、二〇〇三年
宋光宇主編『泰雅人―台湾宜蘭県武塔村調査―』雲南大学出版社、二〇〇四年
王梅霞『泰雅族』三民書局、二〇〇六年
傅琪貽（藤井志津枝）『日本統治時期台湾原住民抗日歴史研究―以北台湾泰雅族抗日運動為例―』団結出版社、二〇一五年

あとがき

筆者は台湾史に一貫して着目してきたが、四、五本の関連論文の発表を除けば、成果を世に問うことはなかった。今回、初めて著書・姉妹品としては前書『台湾北部タイヤル族から見た近現代史―日本植民地時代から国民党政権時代の「白色テロ」へ―』（集広社、二〇一七年）と共に二冊目を出版することができた。このことは、本書出版をずっと心待ちにしてくれていた和夫・緑夫妻との約束をやっと守れたことになり、万感の想いがある。

今回の台湾原住民史研究のみならず、筆者は従来からオーラルヒストリーを重視してきた。例えば、①拙著『中国工業合作運動史の研究』（汲古書院、二〇〇二年）の際、ニュージーランド人の工業合作社（協同組合）構想の推進者レウィ・アレー、指導者盧広綿などにインタビューをした。当時は、中国農村調査を除けば、歴史学ではオーラルヒストリーを重視、もしくはインタビューを実際におこなう研究者はほとんどいなかった。②「C・C団」の研究の際は、陳立夫にインタビューし、そして、③拙著『日本人反戦兵士と日中戦争―重慶国民政府地域の捕虜収容所と関連させて―』（御茶の水書房、二〇〇三年）では、反戦プロレタリア作家の鹿地亘、および日本人反戦兵士など多くの聞き取りをおこなった。その目的は史料では不明な、もしくは史料に十分書かれていないビビッドな歴史事実を明らかにするためであった。同時に次々と高齢である歴史証言者が亡くなるという現実に直面して緊急な課題と認識しており、重要な歴史事実を書き残すという目標があったからである。とはいえ、聞き取りには記憶違い、忘却、および現在の価値観によって縛られているという限界も指摘して置かなくてはならない。したがって、史料による考証も必要不可欠なのである。ともあれ今回は史料不足もあり、特にオーラルヒストリーを重視したが、これまでの研究経験や方法が大いに役立った。

本書第一部では、まず聞き取りはタイヤル族の歴史・伝統のみならず、和夫・緑夫妻の個人史ともいうべき愛情、結婚生活、あるいは異文化摩擦に焦点を当てた。和夫さんの話はタイヤル族の歴史や伝統の概略、そして早くに尊敬する父を失い、長男として苦労しながらも水道局の公務員となって生活を安定させた自負、閉塞された台湾で青年らしい海外への憧れと関心、そして「幸せな今」を述べる。他方、緑さんは古里の岡山県での少女時代を回顧しながら、日本人女性が台湾、それも角板山での生活に勇気をもって飛び込み、試行錯誤、ある時は摩擦を起こしながらもタイヤル族の和夫さんと相互に信頼し、そこでの人々にとけ込み、朗らかに生き抜いた。それも緑さんも率直に語っているように当時は決して「平和な台湾」ではなかったのである。ベトナム戦争中であり、台湾はアメリカ軍の兵站基地ともいえる位置づけにあった。その上、すぐ気づくように、角板山は台湾の中でも一般人が入山できない隔絶した防衛地域であり、いわんや外国人である日本人が入ることは極めて難しい地域であった。緑さんの話は、当時の台湾角板山の状況を活写する。と同時に、日本で平凡な日常生活をする日本人にとって、ある意味で極めて興味深く、あるいは夫婦とは愛とは親子とは何かを考えさせるであろう。なお、和夫さんはタイヤル族が日本討伐隊と戦った渓谷、また「大石」(タイヤル族は石から生まれたとの伝説がある)などもバイクで案内してくれた。

第二部では、蔣介石・国民党政権による「白色テロ」を中心に組み立てている。私は林昭光、林昭明両氏の母親の九五歳の誕生日会に招かれた。自動車で角板山まで乗せていってくれたのは弁護士で友人の黄徳財氏である。母親は角板山で入れ墨をした最後の生き残りという。ここで、否応なくタイヤル族の伝統にさらに関心をもった。彼らは果たしてどのような伝統生活をして現在に至ったのか。伝統生活のみならず、林昭明氏自らの弾圧された体験に基づいて書いた一九五〇年代の「白色テロ」に関する回憶(中国語)をベースに、聞き取りを本格化させた。二二八事件についてはそれなりに深く知っていた。ただし「白色テロ」に関しては知ってはいたが、実態については全く分からず、二二八事件の延長線上にあると単純に考えていた。角板山タイヤル族は二二八事件の嵐を必死で避けたにもかかわらず、「白色テロ」で狙い撃ちにされた。蔣介石・国民党政権は中国大陸に地盤を失い、恐怖におびえ、日本語が蔓延する台湾で疑心暗鬼となり、凶暴性を発揮したのである（台湾が中共に占領された場合を想定し中米のコスタリカに逃亡しようとしていた国民党員、外省人が多数いたと聞いた）。林昭明、林昭光、林茂成各氏の話は彼らの実体験に基づき、台湾史の影の部分について述べたものである。

なお、インタビュー、および訳文・解説などを公表した関連拙稿は、①「現地調査：台湾桃園県復興郷角板山のタイヤル族―『和夫』さんと日本人妻緑さん―」『愛知学院大学文学部紀要』第三八号、二〇〇九年三月（本書第一部第一章）、②ワタン・タング（林昭明）「一九五〇年代台湾白色テロ受難の回憶」（解説・訳・インタビュー・訳注）、東洋文庫『近代中国研究彙報』第二一号、一九九九年三月（第二部【証言1】）の二本のみである。それらを含み、未発表であった多くのインタビューも極めて興味深い内容なので、本書に採録した。

ところで、私は日本で研究仲間、知人、友人、あるいは学会後の懇親会で「台湾原住民に対するインタビューは何語でおこなっているのか」、「中国語か英語か」、「通訳はいたのか」との質問をしばしば受けた。インタビューは日本語であり、僅かに中国語やタイヤル語が入るだけである。彼らの日本語は標準語（東京弁）であり、かつ流暢である。日本人と会話をしているのと大差はない。ある意味で彼らは自らの心情や歴史的事実を語る際、「国語」（中国語）や台湾語（閩南語）よりも日本語の方が正確、かつビビッドに話すことができるのである。林昭明氏の回憶文は中国語であるが、彼もまた現在でも完璧で流暢な日本語を話し、インタビューは基本的に日本語でおこなっている。その他のタイヤル族の人々に対しても同様である。なぜなら一八九五年の台湾割譲から一九四五年の日本敗戦まで実に五〇年間にも及ぶ日本植民地時代に、台湾では日本語教育の強制、徹底化が図られ、戦争末期には、よくも悪くも日本語で話し、書き、考える人々が増大した。とりわけ台湾原住民世界では種族によって言語が異なっていたが、それが日本語が共通語となった。戦後の一時期を除き、原住民同士、他種族間、家族同士でも主に日本語で会話してきたのである。その結果、多くの原住民は原住民語をその単語などを除いて、ほとんど忘れてしまった。そして、外省人、本省人に対しては中国語、台湾語を使用しながらも、現在でも原住民同士は日本語を日常的に頻繁に使用して生活している。そのため、特に彼ら世代の原住民は今も日本語で日常生活を過ごす場合が少なくなく、したがって、ほぼ完璧な日本語を話すことができるのである。中国語や台湾語よりも、そして各原住民語よりも日本語で自らの心情を正確に表現できるのだと思う。こうして、日本植民地時代から現在に至る原住民世界を研究する上で、日本人歴史研究者である筆者は原則的に日本語という手段を用いながら、彼らの真情を聞き取ることができるし、かつ彼らも心情を吐露することも容易なのである。換言すれば、本省人研究者や外省人研究者が台湾語や中国語でおこなうインタビューとは若干異なる側面に光を当て、ある意味で言葉の微妙な言い回し、および本音を聞き出すことも可能となるのである。ここでは、日本植民地時代の日本語強制・普及の功罪は論じないが、日本人研究者にとってインタビューは極めて容易であり、正確である。

和夫・緑夫妻の話に多くの研究のヒントを得た。のみならず、筆者が毎年春休みを利用してインタビューに訪れることを、いつも暖かく迎えてくれ、楽しい時間を過ごすことができた。また、彼の自宅に泊めてくれ、夜遅くまで語り合ったことを思い出す。林昭光氏は角板郷（現在の復興郷）での地位も高かったこともあり、二二八事件、「白色テロ」を中心に多岐にわたる内容を詳細かつ的確に語ってくれた。さらに林昭明氏には快く何度もインタビューに応じていただいた。彼にとって「白色テロ」は思い出したくない苦渋の体験であり、「白色テロ」中心に質問の内容が深まっていくにつれ、苦しそうな表情をした。それは思い出すだけで身震いするほど恐ろしく、悲しいことであったに相違ない。そうした体験を語っていただけたことに衷心より感謝する。さらに、処刑されたロシン・ワタンの長男である林茂成氏は穏和な性格に見受けられたが、ロシン処刑とその後の家族の生活について話が及ぶと、国民党政権の当時のやり方に怒りに震えながら語った。彼もすでに亡くなられた。高砂義勇隊に実際に参加した黄新輝氏は体調不良の中でもバスで筆者に会いに来てくれ、本書出版を楽しみにしていた。だが、黄新輝氏も亡くなられ、筆者はキリスト教長老会式の葬儀に参列し、生前本書をお渡しできなかったことを心の中で詫びた。その他、キリスト教宣教師である黄栄泉氏もやはり体調不良であったが、誠意をもって質問に答えてくれた。

なお、筆者は大阪教育大学に勤めていた時代の一九九九年九月から六ヵ月間、日台交流センターの「歴史学者派遣事業」により「長期派遣学者」に採用され、中央研究院近代史研究所（受入者は研究員の黄福慶氏）に籍を置いたことがある。そのことが、今回の研究でも訪台した際、民族研究所や台湾史研究所などで関連する史料調査・収集を容易にし、「白色テロ」や二二八事件に関する資料状況、研究現状を知る上で大きな意味を持った。台湾では、友人の魏栄吉氏（名古屋外国語大学元教授）、故黄徳財氏（弁護士）、鍾錦祥氏（東南科技大学助理教授）にはお世話になった。さらに張修慎さん（静宜大学教授）、張書聡氏（中華文物学会永久会員）、呉米淑さん（当時、愛知学院大学院生。現在、致理科技大学助理教授）は原住民に関する資料を提供してくれた。日本では、愛知学院大学研究員の南谷真氏はパソコン入力を本格的に支援してくれた。また、後呂（旧姓鈴木）貴子さん（当時、愛知学院大学院生）、大野絢也君（同）、和田太君（同）はテープ起こしを援助してくれ、現在の院生水町誠司君、北原加織さんなどは本書をまとめる段階で協力してくれた。院生たちもこれらを通して研究方法を学び、実力をアップさせた。このように院生を含む多くの協力も受け、本書は完成したのである。

最後に、北部タイヤル族に関する二冊の姉妹品を出版してくれた集広社の川端幸夫氏、本書作成を担当した花乱社の別府大悟氏、および遠藤美香さんに感謝したい。

二〇一七年三月二七日　新緑に各種の蝶が舞う角板山にて

菊池一隆

〔追記〕黄新輝氏、林茂成氏、そして本年になって林昭光氏が逝去された。寂しさを禁じ得ない。謹んでご冥福をお祈りしたい。

索　引

＊台湾人名は日本語読みした上で50音順に排列した。

▷ア行

「アトハン」 185
アミ族　58
アメリカ軍　13, 199, 209, 248, 263
アメリカ軍の兵站基地　48
阿里山　223
暗黒政治　257
泉民雄（プナ・アムイ）　40, 68, 76-79, 106, 107, 111, 219
遺体置き場　257
一夫一婦制　64, 72
「以蕃治蕃」 41
「異文化摩擦」 106, 108
入れ墨　62, 63, 237, 243
ウイリアム・キャンベル　266
烏来　12, 222
烏来のタイヤル族　259
宇津木一郎　186, 233
M・ジャクソン　264
沖縄　248
「奥山」 225
乙種巡査　226
男の仕事　244
「鬼」 184
女の仕事　244

▷カ行

海塩　241
階級闘争　125
戒厳令　50, 84, 104, 250, 257
外省人　42, 55, 66, 84, 85, 188, 220, 255
海上特攻隊　253
「外族」 177
ガガ（Gaga） 173
「角板郷」 248, 249
角板山　12, 35, 39, 46, 68, 105, 131, 188, 222, 227, 249, 261, 262
角板山市場　240
角板山国民小学校　255
角板山タイヤル族家系図　19
角板山派出所　82
和夫　23
「壁に耳あり」 104
川中島　28
簡易師範学校　132, 133
「感恩報謝」の碑　174, 228, 229
感化訓練処　235
簡吉　118
犠牲団体　176
「九族文化村」 59
「義勇隊の歌」 213-216
「共産中国」封じ込め　13
共産党員　138, 162
共食団体　176
強制移住　159
郷長　77
玉砕命令　210
キリスト教　22, 189, 195, 197

キリスト教の十戒　264
空襲　247
楠木　179
グラマン　263
クリタン（狩猟団体）　173
軍事教育　87
軍統（「藍衣社」）　117, 164
警察官　133, 262, 265
警察官寄宿舎　262
警手（警丁）　77, 224, 226
警備総部軍法処　144, 145, 151, 152
警務処　43-45
警吏　76
結婚　188
結婚形態　64
結婚式　23, 93
ゲリラ戦　181, 245
検閲　87
県会議員　69
建国中学　133, 159, 253
「建国六〇周年祭典」　119
「原住民」という呼称　170, 171
「原住民権利促進会」　192
高一生　145-147, 233
黄栄泉　260
強姦事件　254
高建勝　133, 143, 148, 149
「高山族」　169, 170
公証結婚　42
黄新輝　22
高澤照　232
高度成長　20
『興南新聞』　190
「光復」　131
「光復大陸」　14, 116
公民権剥奪　153, 166
公務員検定試験　80
拷問　162, 163
「交流協会」（当時は亜東協会）　52
国際結婚　47, 99, 103
国際電話　93
『国富論』　125
国民学校　160
国民党　162, 189, 195, 234
国民党一党独裁　116
国民党軍　263
国民党政権　21, 104
国民党の兵隊　67

▷サ行

蔡英文　195
蔡孝乾　118, 164, 166, 191
佐久間総督の碑　229
佐世保の予科練　248
参議員　107
三交代制　109
山地会館　220
山地教師養成　131
「山地工作委員会案」　117
「山地工作委員会」　118, 119
山地の衛生問題　69
「山地平地化」政策　134
「山胞」　169, 170
「三民主義」　162
志願兵　239
私物化　254, 255
『資本論』　125, 162
社会主義者　162
謝雪紅　166, 192, 232
「珠衣」　176
銃　239
周恩来　162

銃剣　204, 206
集団就職　20, 102
収容所　211, 212
「熟蕃」　236
「授産」政策　224
「出草」　237, 238
手榴弾　204
手榴弾自殺　211
狩猟区　259
「純タイヤル族」　172
焼夷弾　248
蔣介石　52, 53, 69, 70, 119, 231
蔣介石の貴賓館　12, 53, 249
少数民族ショーヴィニズム　155
樟脳　179
情報員　105
情報治安人員　144, 152
昭和天皇　68, 249
ジョージ・エル・マッケー　266
食料調達　182
「自立新村」　150, 152
神社信仰　262, 263
新竹中学　107, 253
新竹の飛行場　247
清朝軍　178
人肉食　206-208
人民解放戦争　124
水田耕作　128
水田方式　127
水道局　81, 83-85, 104
青果合作社　232
政治犯　151
政治犯の釈放　119
聖書　265
「生蕃」　17, 23, 237, 246, 266
生蕃鯉　65, 239
石炭　179
切腹　211
「専案申請」　46
専業主婦　89
「戦争になれば死ね」　203
戦争末期　209
宣伝ビラ　209
専売局　221
「線民」　234
葬儀　240
相互監視　117
総頭目　174-176
宋美齢　265
総力戦体制　268
祖先信仰　189

▷タ行

大渓小学　262
第十八軍　201
台中師範学校　132, 136, 168
第二次霧社事件　38
台北医専　69, 186
台北師範学校　132, 136
太平洋戦争　263
タイヤル族　15, 58, 95, 128, 130, 181, 222, 224, 225
タイヤル族の起源　171
タイヤル族の言語　246
タイヤル族の住居　251
タイヤル族の食事　244
タイヤル族の組織機構　172
「太陽あって水あれば」　246, 248
代用教員　169
台湾　54
台湾映画『セデック・バレ』　27
台湾原住民各種族　16

台湾原住民分布図　15
台湾語（閩南語）　250
台湾省解放委員会　164
「台湾省工作委員会組織案」　117
「台湾省工作委員会」　118, 191
「台湾征伐」（台湾出兵）　55
台湾総督府　180, 225, 268
「台湾族」　171
「台湾地区政治受難人互助会」　119
台湾の共産党　232
高砂義勇隊　60, 61, 62, 181-183, 194, 196, 199, 209, 210, 239
「高砂義勇隊の歌」　213-216
高砂族　169, 170, 202
田中角栄　52
タロコ系　193
タンガ・ワタン（林忠義）　126-128
「知情不報」　138 146
茶　179
茶畑　173
中共中央　118, 191
中国共産党（中共）　52, 166
中国共産党員　231
中国大陸　67
中統（「C・C」系・団）　117, 164
趙巨徳　133, 148, 149
朝鮮人　56
朝鮮戦争　115
徴兵制　86
長老教会の伝道師　265
陳儀　79, 219, 231
枕頭山　179
枕頭山事件　247
枕頭山戦役　40, 41
ツオウ族　223
「敵首棚」　71, 72
天皇　189
「天皇陛下ばんざーい」　211
「動員戡乱時期国家安全会議」　117
桃園県　36
桃園農業学校　263
東京オリンピック　20
湯守仁　118, 233
投票　78
頭目　174
頭目会議　176
「毒流し」　105, 106, 110, 111
土地問題　219
「土匪」　246

▷ナ行

南方戦線　62
西監獄　150
二二八記念館　115
二二八事件　13, 21, 120, 124, 131, 135, 161, 217-219, 222, 223, 231, 250, 254, 255, 265
二二八和平公園　115
日本共産党　232
日本基督教団台北幸町教会　267
日本軍　206
日本語　245, 250
「日本国語の家」　132-134
「日本精神」（大和精神）　202
日本刀　61, 204
日本敗戦　210
ニューギニア　182, 183, 201, 208
「熱帯潰瘍」　208
狼煙　245

▷ハ行

売買春観光　20

パイワン族　225
「白色テロ」　13, 21, 115, 116, 120, 121, 165, 231, 234, 236, 265
「白色テロ受害者」の碑　120
爆破隊　199, 200
客家　57, 58, 170
パラオ　199
原藤太郎　262
「蛮」　236
「蕃」　236
「蕃界」　178
「反共抗ソ」　138
「反攻大陸」　14, 116
「蕃刀」　59-61, 204, 205, 238, 239
「蕃童教育所」　70, 160, 224, 228, 261
ハンの木　244
「蕃匪」事件　246
「蕃布」　240, 241
B 52　247
東監獄　149
ピスイ・ワタン　108
日立系工場　109
日野サガノ　70
日の丸　61
閩南人　56-58, 170
「不合作分子」　151
「武士道」　128
「豚を殺す」　222
復興郷　37, 66, 71, 188, 199
復興郷行政区域図　37
プヌン族　58, 225
巫婆　63, 183, 184
部落連盟　175, 176
文通　102
米ソ冷戦　13
北京語　128, 129, 161, 168, 250
ベトナム戦争　13, 48
ペンパルズクラブ　102
保安司令部　234, 235
法院結婚　41, 42
「法院公証」　42
帽子　238, 239
「蓬萊族」　171
「蓬萊民族解放委員会」　118
「蓬萊民族自救闘争青年同盟」　136, 137, 140, 141, 146, 231
望楼　237
保密局　142, 143, 163, 164
本省人　105, 188, 203, 204, 221, 222, 255
本島人公学校　160
本間雅晴　215

▷マ行

埋石　230
マッチ　241
マラリア　208, 263
「満洲国」　52, 94
未開放地区　12
「水」　247
三井物産　174, 180
密告　104
緑　23
民進党　195
民選　77
霧社事件　18, 25-29, 170, 180, 181, 224, 227
迷信打破　69, 186
モーナ・ルーダオ　38
モーナ・ルーダオの墓　28
「模範母親」　108

▷ヤ行

焼き畑　244
焼き畑方式　127
山の警察　221
闇煙草　221
ユータックス　155
陽明山　53

▷ヤ行

理蕃課　69
理蕃政策　38, 225
『理蕃の友』　227
劉銘伝　173, 177, 179, 193
「緑島新生訓導処」　116
林維源　173, 193
林家祠堂　259
林鴻源　166
「林氏学田」　166
林昭光　21, 77, 79, 129, 149, 218, 221
林昭明　21, 117, 118, 123, 149, 268
林忠義　159
林茂秀　146
林茂成　21, 167, 168, 242
林茂成夫妻　252
『露営の歌』　214
ロシン・ワタン（林瑞昌・日野三郎）　67, 69, 70, 118, 124, 130, 147, 161, 185, 186, 219, 231, 233, 242, 256, 257, 265
ロシン・ワタンの銅像　259
ロシン・ワタンの墓　258

菊池一隆（KIKUCHI Kazutaka）
1949年，宮城県生まれ
筑波大学大学院歴史・人類学研究科（史学）博士課程単位取得満期退学
現在，愛知学院大学文学部教授，博士(文学)，博士（経済学）
1999年，中国社会科学院近代史研究所等共催「中華人民共和国成立50周年中国革命史中青年学術海外優秀論文賞」受賞

■主要著書
- 『中国工業合作運動史の研究—抗戦社会経済基盤と抗日ネットワークの形成—』汲古書院，2002 年
- 『日本人反戦兵士と日中戦争—重慶国民政府地域の捕虜収容所と関連させて—』御茶の水書房，2003 年
  【中文版】朱家駿主編・校訳，林琦，陳傑中訳『日本人反戦士兵与日中戦争』光大出版社〈香港〉，2006 年
- 『中国初期協同組合史論 1911－1928 —合作社の起源と初期動態—』日本経済評論社，2008 年
- 『中国抗日軍事史 1937－1945』有志舎，2009 年
  【中文版】袁広泉訳『中国抗日軍事史』社会科学文献出版社〈北京〉，2011 年
- 『戦争と華僑—日本・国民政府公館・傀儡政権・華僑間の政治力学—』汲古書院，2011 年
- 『東アジア歴史教科書問題の構図—日本・中国・台湾・韓国，および在日朝鮮人学校—』 法律文化社，2013 年
  【中文版】張新民編訳『東亜歴史教科書問題面面観』稲郷出版社〈台湾〉，2015 年
- 『台湾北部タイヤル族から見た近現代史—日本植民地時代から国民党政権時代の「白色テロ」へ—』集広舎，2017 年など

台湾原住民《たいわんげんじゅうみん》オーラルヒストリー
北部《ほくぶ》タイヤル族《ぞく》「和夫《かずお》」さんと日本人妻緑《にほんじんづまみどり》さん

2017年 9 月10日　第 1 刷発行

著　者　菊池一隆
発行者　川端幸夫
発　行　集広舎
〒812－0035 福岡市博多区中呉服町 5 番23号
電話 092（271）3767　FAX 092（272）2946
制　作　図書出版花乱社
印刷・製本　モリモト印刷株式会社
ISBN978-4-904213-50-6